EL ARTE DEL
RAMEN

Este libro está dedicado a mi prima Masahiko, quien solía llevarme a los mejores locales de ramen de Tokio cuando éramos jóvenes. Estos recuerdos me han ayudado a crear muchas recetas de ramen. ¡A veces salíamos en coche de Tokio cada vez que ella encontraba un lugar con el mejor ramen! ¡Espero que mis recetas le gusten tanto como las que descubrimos en nuestras aventuras!

La edición original de esta obra ha sido publicada en el Reino Unido en 2023 por OH! Life, sello editorial de Welbeck Publishing Group, con el título

Ramen. 80 Easy Noodle Bowls and Broths

Traducción del inglés
Montserrat Asensio

Av. Diagonal, 402 – 08037 Barcelona
www.cincotintas.com

Primera edición: noviembre de 2023
Segunda edición: abril de 2024

Impreso en España por Liberdúplex
Depósito legal: B 11102-2023
Código Thema: WBA
Cocina general y recetas

ISBN 978-84-19043-24-5

EL ARTE DEL RAMEN

80 BOLES Y CALDOS SENCILLOS

MAKIKO SANO

cincotintas

CONTENIDOS

LA REVOLUCIÓN DEL RAMEN

El ramen, el sorbible plato de la cocina tradicional japonesa, se ha convertido en un verdadero fenómeno en Occidente, en un éxito viral en TikTok y en YouTube y en un plato favorito de los festivales gastronómicos.

Aunque hay quien piensa que estos deliciosos fideos proceden de las costas de Japón, el origen del ramen está en el principal vecino del país, China. *Shina soba*, una de las primeras formas del plato, se traduce como «fideos de alforfón chinos» y los fideos son un ingrediente básico en la gastronomía china desde la dinastía de los Han del Oeste, hacia el año 202 a. C. Incluso tienen un papel importante en la cultura. Los fideos de la longevidad chinos, que se consumen en el Año Nuevo lunar, exigen al comensal que los sorba sin morderlos si se quiere asegurar la buena suerte para el año que comienza.

Según el Shin-Yokohama Ramen Museum, el ramen llegó a Japón a finales del periodo Edo (hacia la década de 1870), cuando inmigrantes chinos desembarcaron en las ciudades portuarias de Yokohama, Kobe, Nagasaki y Hakodate y difundieron rápidamente su comida. El ramen se popularizó gracias a la sencilla, asequible y saciante combinación de caldo y fideos, aunque es probable que los boles tuvieran un aspecto muy distinto a los de hoy y fueran más sencillos.

La producción de fideos se disparó después de la Segunda Guerra Mundial, cuando Japón tuvo dificultades para abastecerse de alimentos básicos y EE. UU. envió grandes cantidades de harina de trigo para ayudar a la población. Los fideos y otros elementos básicos de la cocina japonesa, como las gyoza, recibieron el nombre de «alimentos de resistencia». Después la guerra, la gente hacía cola en el mercado negro para comprar fideos hechos con la harina de trigo recién recibida en lugar de con la harina de arroz tradicional.

Los noodles instantáneos se los debemos a Momofuku Ando, un empresario taiwanés que trabajaba en Nissin, una fábrica de alimentación

P. anterior arriba: Restaurante de ramen en Tokio.
Arriba: El Momofuku Noodle Bar de David Chang en Nueva York.

japonesa. Desarrolló un sistema para secar y envasar los fideos y la importante combinación de saborizantes del caldo, de modo que se pudieran rehidratar en cuestión de segundos con agua hirviendo. En 1958, nació el ramen instantáneo, con la marca Chikin Ramen. Japón no solo estaba en plena expansión, sino que había iniciado su historia de amor con todo lo tecnológico e innovador. El ramen de bote triunfó y, en 1963, se vendían 200 millones de raciones de este plato instantáneo.

Los boles de ramen, con sus cuatro elementos principales (salsa, sopa, fideos y condimentos) permitían experimentar y dar rienda suelta a la creatividad. Los chefs más jóvenes adoptaron el ramen porque les permitía jugar con los caldos umami y los condimentos personalizables. La diversidad de fideos en Asia añadió aún más energía e inspiración a la tendencia, con platos como los fideos guksu coreanos (*Janchi guksu*), que suelen estar condimentados con kimchi, los fideos pancit filipinos (sofritos con una salsa especiada), los vietnamitas y los indonesios, más picantes. En las redes sociales abundan las variaciones regionales y personales y el perrito caliente con ramen y los fideos con mayonesa japonesa Kewpie no son más que dos de las innovaciones imprescindibles.

A mediados de la década de 2000, empezaron a aparecer restaurantes de ramen en los centros gastronómicos de moda en Los Ángeles y en Nueva York. Pronto, el resto del mundo clamaba por sus propios bares de ramen. Ahora, el ramen con condimentos japoneses y caldo en polvo es fácil de encontrar en supermercados occidentales y, en Corea del Sur, han empezado a aparecer bares de ramen *self-service*, donde los clientes pueden preparar su propia combinación de ingredientes o elegir un plato preparado de la máquina expendedora. ¡La revolución del ramen ya está aquí!

Izq.: Restaurante de ramen en el barrio Shinjuku de Tokio.

MONTAR EL BOL

Creo mis recetas con ingredientes asiáticos auténticos, la mayoría de los cuales podrás encontrar en supermercados asiáticos y tiendas especializadas, sobre todo en zonas urbanas. Por supuesto, si quieres, puedes sustituir algunos de ellos por ingredientes más accesibles.

Aunque algunas recetas son muy sencillas y rápidas y requieren muy pocos ingredientes, todo bol de ramen se basa en cuatro puntales que se disponen en capas para ofrecerte la riqueza de sabor y de textura que caracteriza a un buen ramen. Una vez domines esta forma de construcción básica, podrás montar tus propios boles con total seguridad.

SALSA TARE

El tare (que significa «salsa para untar») es una salsa o pasta muy concentrada que se acostumbra a añadir al bol antes de verter el caldo, de modo que, al removerla, se disuelve en este y potencia su sabor. La salsa tare aporta el sabor salado e intenso que transforma al ramen de sabroso y nutritivo a complejamente delicioso. Existen tres tipos de salsa tare: *shoyu*, o salsa de soja, que se añadía a las recetas originales de fideos chinos para camuflar los aromas a carne (hasta entonces, la población japonesa apenas comía carne); *shio*, que significa «sal» y que, con frecuencia, contiene limón y se usa de un modo similar a como lo hacemos en Occidente, a fin de potenciar el sabor y los aromas;

Arriba: Los condimentos añaden color, textura y crujiente al bol.

y miso, una salsa de intenso sabor umami que se prepara con habas de soja trituradas, sal y *koji*, un arroz cocido fermentado.

CALDO, O DASHI

El *dashi*, que significa «líquido extraído», es el caldo claro en el que flotan la mayoría de los fideos de ramen. El dashi siempre se elabora con ingredientes intensamente umami, que aportan la característica potencia de sabor que contrasta con la insipidez de los fideos. Como base de sopa ámbar, dorada o lechosa, el dashi se divide en tres grupos amplios: caldos elaborados con ingredientes cárnicos, como pollo, cerdo o huesos de ternera; caldos elaborados con pescado y marisco, como el bonito seco en copos (o *katsuobushi*) y sardinas secas; y caldos elaborados con elementos vegetarianos y terrosos, como setas shiitake o alga kombu.

FIDEOS

Los fideos para ramen dan sustancia y volumen al bol. Los hay de seis tipos, dependiendo de su grosor: ultrafinos, finos, finos-medios, gruesos-medios, gruesos y extragruesos.

Los fideos ultrafinos y los finos se caracterizan por su suavidad. Ambos se mezclan a la perfección con la sopa y son la opción ideal para la mayoría de las recetas de ramen. Por eso funcionan tan bien los paquetes de noodles instantáneos, que tienden a ser finísimos.

CONDIMENTOS

Uno de los placeres que ofrecen los boles de ramen es la infinidad de ingredientes y condimentos que admiten. Son proteínas y vegetales que se depositan sobre la salsa tare, el caldo y los fideos y pueden estar calientes o fríos: carnes adobadas, huevos cocidos, rábanos crujientes o algas secas, jengibre encurtido, semillas de sésamo, un chorrito de aceite picante u opciones estrictamente veganas. La lista es infinita. Tú decides qué añadir, según tus gustos y, naturalmente, tus opciones dietéticas.

ELEGIR EL BOL ADECUADO

El tamaño y la forma del bol determinarán el aspecto del ramen acabado una vez hayas añadido los últimos condimentos sobre la superficie. Un buen bol también facilitará la tarea de comer el plato terminado y ha de ser lo bastante grande para contener todos los elementos sin que se derramen.

Intenta encontrar boles razonablemente hondos con lados de ángulos suaves (te serán útiles a la hora de pescar los fideos con los palillos) y con bocas anchas que permitan disponer los ingredientes en diagonal.

Los más usados en los restaurantes tienen 20,5-23 cm de diámetro. Sin embargo, si son un poco más pequeños serán ideales para un paquete estándar de ramen instantáneo y algún condimento adicional.

LOS FIDEOS

En este libro, te sugiero el tipo de fideo ideal para cada receta, aunque no hay reglas obligatorias a la hora de elegir el tipo de fideo para cada ramen. Cada región tiene sus opciones preferidas, pero, al igual que sucede con los platos de pasta italiana, se suelen elegir en función de la salsa que se vaya a usar. Los platos shio y shoyu, más suaves, admiten cualquier tipo de fideo. Los fideos rectos ultrafinos son ideales para los contundentes caldos de estilo tonkotsu, porque se pegan y se empapan bien el espeso caldo. Los fideos ondulados son perfectos para el ramen con base de miso, porque absorben muy bien los sabores de este.

Personalmente, prefiero los fideos frescos, ya estén congelados o no. Los congelados son prácticos, porque se guardan en el congelador y se pueden usar según se necesiten. Suele haber fideos frescos y frescos congelados en los supermercados asiáticos y, a veces, también en tiendas occidentales grandes. Si no los encuentras frescos, los paquetes de fideos somen o soba instantáneos o secos también van bien. Eso sí, asegúrate de que respetas los tiempos de cocción que indica el fabricante.

RAMEN (CHUKAMEN)

En Japón, los *chukamen* son los fideos para ramen más habituales y pueden ser largos y cilíndricos, rizados, cuadrados o planos. Se hacen amasando harina de trigo, sal, agua y *kansui* (un agua alcalina rica en minerales). El kansui otorga a los fideos elasticidad y el color amarillento. En China, a veces se sustituye el kansui por huevos. El ramen tradicional

Kaedama!
(¡Con extra de fideos, por favor!)
Recuerda esta palabra si quieres una cantidad adicional de deliciosos fideos en tu bol de ramen.

tiene gluten, pero puedes encontrar variedades sin gluten en las que se sustituye la harina de trigo por harina de arroz, patata o mijo.

SOMEN

También llamados *somyeon* o *sùmiàn*, son fideos ultrafinos de harina de trigo. La masa se mezcla con un aceite vegetal y se estira en finas tiras que luego se secan al aire. Son muy versátiles y son habituales en los platos de ramen. Son viscosos y se cuecen con rapidez.

SOBA

El soba es un fideo fino y popular en Japón y se encuentra tanto en locales de comida rápida como en restaurantes. Como se hace con alforfón, tiene un color más «rústico» que el de otros fideos. Funciona especialmente bien en sopas calientes o, ya frío, con salsas para untar.

Para dar forma a los fideos, o bien se corta la masa a mano o con cuchillo y luego se estira a mano en largas hebras elásticas o bien se usan máquinas para cortar pasta.

HIYAMUGI

Es un fideo de trigo muy fino, aunque algo más grueso que los somen, y se puede usar de la misma manera que estos, sobre todo en ramen fríos para remojarlos o en platos de verano. Es un fideo predominantemente blanco, aunque los hay de tonos rosados, pardos o verdosos.

UDON

Son la comida casera por excelencia en Japón y se hacen con harina de trigo. Son elásticos y mucho más gruesos que otros fideos para ramen, pero se pueden usar en caldos donde se los llama *kake udon*. No tienen huevo, así que son una fantástica (y saciante) opción vegana.

Hay algunas variedades regionales interesantes, muchas de las cuales se han hecho populares en las redes sociales. El *kishimen* es un fideo ancho y plano de Nagoya (prefectura de Aichi), mientras que el *himokawa* es un fideo superancho y superfino, de Kiryu (prefectura de Gunma).

FIDEOS DE CRISTAL CHINOS

Los fideos de cristal, originarios de China y populares en todo Vietnam, donde se los llama *mien*, también reciben el nombre de fideos de celofán. Se hacen con distintos ingredientes básicos en función de su origen. Por ejemplo, los fideos de cristal de arroz se hacen con harina de arroz y agua, mientras que los de celofán se elaboran con harina de judía mungo y agua. Se suelen servir con una base de sopa salada y los supermercados asiáticos venden tubos de bases de sopa de fideos de cristal con las que condimentar los caldos.

FIDEOS FRESCOS

La mayoría de los restaurantes de ramen de calidad prefieren los fideos frescos, porque los que no se han secado son más ricos y sabrosos y también más amarillos que las alternativas instantáneas, y conservan mejor la textura y la elasticidad. Si quieres comprar ramen fresco, busca en la sección de congelados de tu supermercado o tienda asiática local. Yo uso ramen fresco congelado en muchas de las recetas del libro.

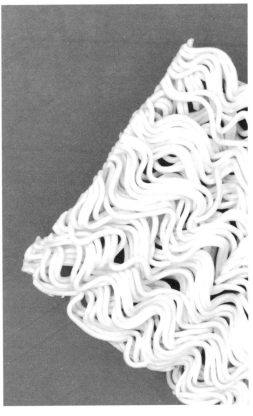

FIDEOS SECOS

Los grandes paquetes de fideos que se venden en tiendas asiáticas y en supermercados tienden a ser secos. Se hacen secando fideos recién hechos sin cocer y son una opción excelente para recetas caseras. Busca fideos finos y rectos (como los espagueti), porque ofrecen los mejores resultados. También hay fideos soba especiales: los soba de té verde, o *cha* (a la izq., arriba), son verdosos, mientras que los *ume soba* deben su tono rosado a las ciruelas japonesas que se añaden a la masa.

FIDEOS INSTANTÁNEOS

Los célebres paquetes individuales de fideos instantáneos son fideos deshidratados una vez parcialmente cocidos. Por eso se rehidratan y se cuecen tan rápidamente. El precio es un buen indicador de calidad a la hora de elegir una versión instantánea parecida al ramen tradicional. Los más baratos se fríen antes de deshidratarlos, mientras que los más caros se cuecen parcialmente y luego se secan al aire. Otra ventaja de los paquetes instantáneos es su bolsita de condimentos, que permite preparar caldos rapidísimos. A veces, las agrego a otros ingredientes para potenciar el sabor de mis recetas.

PLATOS CLÁSICOS

Aunque este libro te inspirará a crear tus propios boles
de ramen, estos son los cinco platos básicos sobre los que
se suelen construir la mayoría de las variantes.

TONKOTSU RAMEN

Fukuoka (Japón) es la cuna del untuoso y delicioso
tonkotsu. Los huesos de cerdo guisados lentamente
y que dan el característico aspecto cremoso y turbio
al caldo son siempre la base sobre la que se construye
este ramen.

RAMEN DE MISO

La región de Sapporo, al norte de Japón, es el origen
del dorado miso ramen. Lleva el nombre de su
ingrediente estrella, el miso, que le otorga sabores
profunda e intensamente umami. Las buenas tiendas
de alimentación suelen tener los tres tipos: el miso
blanco, o *shiro*, es el más suave y ligeramente dulce; el
miso rojo, o *aka*, es el de fermentación más prolongada
y también el más intenso; y el miso amarillo, o *shinshu*,
es una opción intermedia y, por lo tanto, la más
versátil. En las recetas, uso miso blanco.

SHOYU RAMEN

El shoyu ramen, o ramen de salsa de soja, uno de los
primeros estilos de ramen, sigue siendo uno de los
más populares. La soja no es un mero condimento del
plato acabado, sino que se cuece en la base de sopa, a
la que infusiona, y se reduce hasta convertirse en un
caldo marrón oscuro. Los aromas salados y herbales
hacen de la soja una base ideal para el ramen de pollo
o de verduras. En general, uso salsa de soja oscura, más
sabrosa que la clara, pero en varias recetas uso las dos.

SHIO RAMEN

El ramen shio, o de sal, es un plato ligero y
transparente. Se suele hacer con caldo de pollo y se
potencia con ingredientes marinos, como sardinas
secas, caldo dashi y copos de bonito.

TSUKEMEN

El *tsukemen* es un plato de «fideos para remojar»
que se cuecen y se sumergen en agua fría antes de
servirlos junto a un bol de salsa tare para ramen.
Se sirven en un bol aparte, se enroscan con los
palillos y se sumergen en el plato de salsa, para que
absorban los aromas y queden untados de la espesa
y sabrosa sopa. Como se sirven por separado, tienden
a estar más fríos que el bol lleno de caldo humeante.
También se pueden servir como un plato frío.

P. siguiente arriba: Shio ramen, con su base de caldo ligero.
P. siguiente abajo: Un bol de cremoso tonkotsu ramen.

INGREDIENTES Y CONDIMENTOS

Los condimentos son la guinda del bol de ramen y elevan
su aspecto y su atractivo visual, un elemento esencial
en la cocina japonesa. Son la clave para añadir
textura adicional y potenciar el sabor. Esta es
mi lista por orden de preferencia.

CHASHU

El chashu, finas láminas de panceta de cerdo asada o
guisada, es la estrella de los ingredientes para ramen
y aparece en muchas recetas, ya sean frías o calientes.
Con frecuencia, lo encontrarás adobado o cocinado
con potenciadores que intensifican su delicioso y
jugoso sabor. (*Véanse recetas de las pp. 32-33.*)

HUEVOS COCIDOS

Una vez cortados por la mitad, los huevos blancos
y dorados añaden un toque precioso al ramen,
además de proteínas adicionales. El punto ideal es
el del huevo pasado por agua parcialmente cuajado
y cuya yema fundente aporta al caldo una textura
cremosa y suculenta.

Ajitsuke tamago significa «huevo condimentado» y es
un huevo pasado por agua marinado durante horas
en una solución de salsa de soja y mirin. El resultado
es un huevo ligeramente salado y dulce con una yema
dorada y líquida. (*Véase receta en la p. 37.*)

VERDURAS

Las verduras para ramen no solo son muy diversas, sino que también son asequibles y permiten preparar boles de ramen aptos para veganos. Las verduras con textura, como los brotes de soja, las espinacas, la col, la cebolla y la cebolleta, van bien con caldos para ramen más cremosos y potentes. Normalmente, se blanquean o se sofríen rápidamente, a fin de que conserven la textura fresca y crujiente.

KAMABOKO

El *kamaboko* es un pastelito japonés al vapor que se hace con pescado blanco triturado y aplastado hasta convertirlo en una pasta que se puede moldear en forma de rollito. Entonces, se corta en láminas que se depositan sobre el bol de ramen, como se hace con el chashu. La característica línea roja-rosada en el borde exterior aumenta su atractivo visual. El *narutomaki* es una versión con espirales rosadas. Se compra en supermercados japoneses y se conservará durante nueve días en el frigorífico una vez abierto.

SETAS

Las setas son fundamentales en los platos de ramen, a los que aportan sabor umami, textura resistente, colores suaves y formas atractivas. Su sabor también hace de ellas un sustituto ideal para la carne. Uso múltiples variedades, como shiitake y *kikurage* (oreja de Judas), y también puedes probar los finos y pálidos enoki. Rehidrata las setas secas durante 20 minutos o más antes de usarlas. Corta y retira los pies para limpiarlas, pero guárdalos y úsalos para hacer caldo.

MAÍZ

Es muy popular entre los niños y su textura agradable y sabor suave complementan muy bien la intensidad del ramen. El maíz, igual que los huevos, añade un toque de color y, por supuesto, lo puedes guardar tanto en el congelador como en la despensa, a fin de tenerlo siempre a mano.

ALGAS

En el ramen, se usan algas comestibles secas. Quizás hayas oído hablar de algunas, como el alga kombu, que se vende en tiras planas medianas; el alga nori, en láminas más grandes, es habitual en el sushi; y el alga wakame son tiras más finas habituales en sopas y platos con miso. El alga kombu se suele usar en el caldo y el alga wakame es más habitual como toque final. Todas añaden a los platos notas a sal y a yodo que evocan el mar.

CEBOLLETA

El sabor refrescante y la textura crujiente de la cebolleta encajan a la perfección en el ramen. Potencian otros aromas, como el de la salsa de soja, el miso, el tonkotsu (ramen de cerdo) y el shio (ramen salado). En el libro, encontrarás recetas en las que se usan las hojas verdes de la cebolleta para el caldo y casi todas incluyen una lluvia de cebolleta picada sobre el bol de ramen acabado.

MENMA

Son brotes de bambú frescos o encurtidos y previamente secados al sol que se venden en botes en supermercados asiáticos, aunque también los podrás encontrar envasados al vacío. Como las cebolletas, son un ingrediente esencial en el ramen. Son algo crujientes y el sabor a encurtido añade una chispa de frescura y de acidez que potencia el bol de caldo y fideos. También los puedes comer como aperitivo o primer plato.

KIMCHI

Es un ingrediente cada vez más popular en los boles de ramen, sobre todo en el caso del ramen instantáneo para consumir en casa. Se trata de rodajas de col china fermentadas en una mezcla de azúcar, sal, ajo, guindilla y *nam pla* (salsa de pescado) opcional. La crujiente col y el jugo avinagrado resultantes son perfectos para el ramen. Deposita con la ayuda de un tenedor un poco de col sobre el ramen y añade un poco del jugo de fermentación.

RÁBANO DAIKON

Daikon significa «tubérculo grande» y es el nombre genérico que se da a los rábanos en Japón (en China se llaman *mooli*). Aunque son de la misma familia

que las variedades pequeñas y rojas habituales en Occidente, los asiáticos son grandes, blancos, más suaves y dulces y menos picantes. En láminas finas, añaden textura crujiente al ramen. Para añadir también notas de color, elige daikon morados o rábanos sandía chinos (*abajo a la izq.*), de piel verde y pulpa rosa.

UMEBOSHI

Son ciruelas japonesas (*Prunus mume*) encurtidas. Son muy saladas y ácidas y encajan muy bien con los sabores terrosos de la carne de cerdo. Añade una o dos umeboshis al bol de ramen acabado.

JENGIBRE

El jengibre fresco es maravillosamente reconfortante y picante y se puede rallar crudo o comprar en forma de puré que se exprime del tubo.

El jengibre encurtido japonés se puede comer directamente del bote, aunque técnicamente está crudo. Las láminas rosadas o doradas de jengibre son crujientes y refrescantes y aportan notas dulces, ácidas y especiadas.

GUINDILLA

Los copos de guindilla son un ingrediente habitual en el ramen, al igual que las guindillas rojas y verdes frescas. Añaden destellos de color sobre el bol de fideos.

SRIRACHA

Esparce sobre el ramen este popular condimento a base de pasta de guindilla y vinagre, ajo, azúcar y sal. Eso sí, hazlo poco a poco, para asegurarte de que disfrutas del resultado.

INGREDIENTES: NIVEL EXPERTO

A continuación, encontrarás algunos ingredientes especiales para añadir aún más sabor a tus boles de ramen.

INTENSIFICA EL SALADO

El *mentsuyu*, a veces llamado *tsuyu* a secas, es una sopa china líquida de sabor muy intenso y preparada con copos de bonito, alga kombu y salsa de soja. Se usa como las pastillas de caldo, para dotar de profundidad al sabor, y se puede diluir en diferentes intensidades a la hora de hacer caldo.

AÑADE ACIDEZ CÍTRICA

El *yuzu kosho* es una pasta de especias fermentada que se prepara con guindillas saladas (normalmente ojo de pájaro) y la mondadura del yuzu (un cítrico japonés muy ácido). Se usa para dar acidez a los caldos ligeros y la puedes añadir al ramen como condimento o disolverla en el caldo, para intensificar los cítricos.

POTENCIA LAS ESPECIAS

El *gochujang* es una pasta especiada y dulce a base de guindilla roja fermentada. Deposita una pizca en la base del bol o disuélvela en el caldo si te gusta el picante. El *gochugaru* coreano es una guindilla roja en polvo que puedes esparcir sobre el ramen: tiene notas afrutadas, ligeramente dulces y ahumadas y con un toque picante.

LLUVIA DE SABOR

El *furikake* es una mezcla de alga nori seca, semillas de sésamo tostadas, azúcar y sal, pero varía de una región a otra. Lo hay de distintos sabores, como wasabi o shiso. Tradicionalmente, se usa en boles de arroz y en platos de fideos calientes. El *shichimi togarashi* es una mezcla picante y especiada de guindilla roja, semillas de sésamo blanco y negro, semillas de cáñamo, semillas de amapola, jengibre molido y algas.

SALSA DE SOJA

La salsa de soja se usa en el caldo dashi del ramen japonés. Quizás conozcas la salsa de soja clara, que se usa en los caldos claros, o la salsa de soja oscura, que aporta un sabor más salado. Estas son las versiones chinas de la salsa de soja. La salsa de soja japonesa está a medio camino y es una combinación de soja y trigo. En la mayoría de las recetas del libro, utilizo la de estilo japonés. Kikkoman es la marca más conocida.

SEMILLAS DE SÉSAMO

Las semillas de sésamo (blancas y negras) rebosan de vitaminas y minerales y son un ingrediente habitual en muchos platos japoneses. Puedes comprar semillas de sésamo blanco tostadas o tostarlas en casa. Las puedes añadir enteras, directamente sobre el bol de ramen, para rematarlo, o molerlas finas en un mortero y añadirlas a la base de sopa. Encajan especialmente bien con el terroso aroma a frutos secos del ramen de miso.

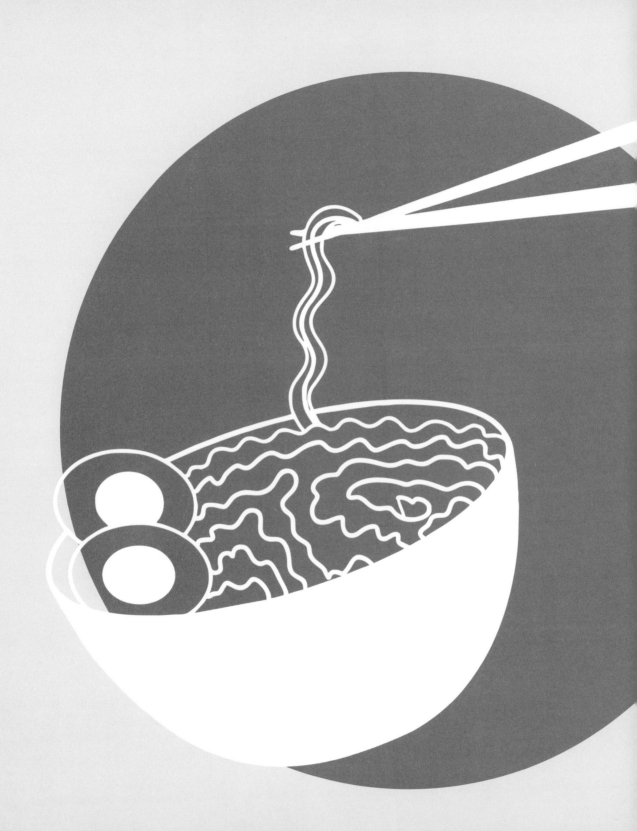

1
SALSAS TARE,
CALDOS Y
CONDIMENTOS

Las salsas tare (que se depositan en el fondo del bol antes de verter el caldo), los caldos y los condimentos permiten infinitas combinaciones y son los puntales de todos los boles de ramen. Aquí, descubrirás distintas recetas para salsas tare y caldos, desde los caldos shoyu claros y ligeros hasta los tonkotsu oscuros e intensos, además de los sabrosos condimentos e ingredientes que puedes añadir para personalizar las recetas de los capítulos posteriores.

DASHI DE POLLO

4 raciones

Este dashi es un caldo tan sabroso como sencillo y la cocción a fuego lento garantiza la máxima intensidad de sabor. Es un plato japonés típico y una base muy limpia para tus boles de ramen.

~~~~~~~~~~~~~~~~~~~~~~~~~~~~~~~~~~~~

900 g (2 lb) de carcasa o huesos de pollo
1,8 litros (60 fl oz/7½ tazas) de agua

Deposita el pollo en una olla, cúbrelo con agua y lleva a ebullición. Baja el fuego para que hierva a fuego lento y cuece durante 3 horas. Espúmalo durante la cocción para retirar las impurezas. De todos modos, no es necesario que el caldo sea de una transparencia perfecta, porque todo contribuye al sabor umami.

Si prefieres una cocción más rápida, usa una olla a presión y reduce el tiempo de cocción a 1 hora.

Cuela el caldo con un colador de malla fina colocado sobre un bote o un recipiente. Ciérralo bien y guárdalo en el frigorífico. El dashi se conservará hasta 5 días.

~~~~~~~~~~~~~~~~~~~~~~~~~~~~~~~~~~~~

Puedes preparar más cantidad de todas las recetas de dashi y congelarlo. Úsalo en un máximo de 2 meses.

DASHI DE CERDO

4 raciones

El dashi de cerdo es fundamental en el tonkotsu ramen. Deben usarse los huesos de cerdo adecuados, para que liberen el colágeno y el tuétano y produzcan el característico color cremoso y el sabor complejo e intenso.

~~~~~~~~~~~~~~~~~~~~~~~~~~~~~~~~~~~~

1 kg (2¼ lb) de codillo, jarrete o pierna de cerdo
1,5 litros (50 fl oz/6½ tazas) de agua
3 manojos enteros de cebolletas (unas 24), picadas gruesas
1 trozo de jengibre fresco de 5 cm (2 in), laminado
3-4 dientes de ajo
1 cebolla blanca grande, picada gruesa con la piel
240 ml (8 fl oz/1 taza) de sake para cocinar

Enjuaga la carne para limpiarla, ponla en una olla y cúbrela con agua. Lleva a ebullición, baja el fuego para que hierva a fuego lento y cuece parcialmente 30-40 minutos, espumando cuando sea necesario. Desecha el agua y vuelve a enjuagar bien la carne.

En una olla con agua, añade el cerdo, la cebolleta, el ajo, la cebolla (con la piel) y el sake. Hierve a fuego lento 7-8 horas y añade más agua a medida que se evapore. Remueve de vez en cuando.

Cuela el caldo con un colador de malla fina colocado sobre un bote o un recipiente. Ciérralo bien y guárdalo en el frigorífico. El dashi se conservará hasta 5 días.

P. siguiente: Dashi de pescado, dashi vegano y dashi de cerdo.

DASHI VEGANO

5 raciones

Este dashi debe su sabor umami a las sabrosas setas shiitake. Es fácil de hacer, pero hay que prepararlo con un día de antelación y dejarlo reposar.

~~~~~~~~~~~~~~~~~~~~~~~~~~~~~~~

4 litros (140 fl oz/4¼ cuartos) de agua fría
80 g (3 oz) de alga kombu seca
5 setas shiitake secas
3 cebollas blancas medianas, en cuñas
1 guindilla roja entera

Pon agua fría, el alga kombu y las setas shiitake en un recipiente grande y déjalo en remojo en el frigorífico hasta el día siguiente, tapado con tapa o con papel film.

Al día siguiente, transfiérelo todo a una olla, añade la cebolla y la guindilla y hierve a fuego bajo 30 minutos.

Cuela el caldo con un colador de malla fina sobre un bote o un recipiente. Ciérralo bien y guárdalo en el frigorífico. El dashi se conservará durante 5 días.

~~~~~~~~~~~~~~~~~~~~~~~~~~~~~~~

El alga kombu y los copos de bonito (*katsuobushi*) potencian el sabor de los caldos de pescado para ramen. El pescado seco, como las sardinas (*niboshi*), también aporta un sabor intenso.

DASHI DE PESCADO

4 raciones

El de pescado es uno de los caldos principales de la cocina nipona y combina la tradicional alga kombu y los copos de bonito, para producir un intenso sabor umami.

~~~~~~~~~~~~~~~~~~~~~~~~~~~~~~~

20 g (¾ oz) de sardinas (*niboshi*)
8 g (¼ oz) de alga kombu seca
20 g (¾ oz) de copos de bonito (*katsuobushi*)
2,2 litros (77 fl oz/9½ tazas) de agua

Primero, limpia las sardinas y retira las cabezas y el residuo negro que tengan en el abdomen para que no amarguen el caldo. Humedece un papel de cocina y pásalo con suavidad sobre el alga kombu.

Deposita las sardinas secas, el alga kombu y el agua en un cazo hondo y déjalo todo en remojo 1 hora. Luego, calienta 1 hora a fuego medio. Baja el fuego ligeramente cuando el agua rompa a hervir. Pasa a fuego bajo y cuece otros 20 minutos. Durante la cocción, espuma los residuos blancos que asciendan.

Retira las sardinas y el alga kombu del caldo con una espumadera. Añade los copos de bonito y calienta con suavidad 5 minutos, espumando la superficie durante la cocción. Para terminar, retira los copos de bonito con un colador de malla fina y con precaución, para no aplastarlos y evitar que amarguen el caldo. Decanta el caldo en un bote o recipiente. Ciérralo bien y guárdalo en el frigorífico. El dashi se conservará durante 5 días.

SALSA TARE

10-12 raciones

Pon salsa tare concentrada en el fondo del bol para añadir un ingrediente auténtico a tu ramen. Al verter el dashi, se mezclará con él y le aportará sabores únicos y complejos.

~~~~~~~~~~~~~~~~~~~~~~

800 ml (28 fl oz/3½ tazas) de salsa de soja oscura
100 ml (3½ fl oz/½ taza escasa) de salsa de soja clara
2 cucharadas de vinagre de manzana
380 ml (13 fl oz/1⅓ tazas) de mirin
45 g (1½ oz/ 3 cucharadas colmadas) de azúcar moreno

Mezcla todos los ingredientes en un cazo y calienta a fuego medio durante 30 minutos. Espera a que se enfríe, vierte la salsa en un recipiente con tapa y refrigérala durante 1 semana, para que los sabores se desarrollen. Úsala en un máximo de 4 semanas.

Para usarla en el ramen, añade 1-2 cucharadas a cada bol antes de verter el dashi y, luego, añade los fideos y los condimentos.

~~~~~~~~~~~~~~~~~~~~~~

La tare es una salsa reducida y espesa que se prepara con condimentos intensos que realzan el caldo dashi, más ligero. También se usa para condimentar otras sopas, guisos, sofritos orientales y aliños, sobre todo los que tienen carne o pescado entre los ingredientes.

SALSA SHIO TARE

10-12 raciones

La salsa shio tare es un condimento salado que se añade a los boles de ramen. Las gambas y las setas secas disparan los sabores umami. Hay que prepararla la víspera.

~~~~~~~~~~~~~~~~~~~~~~

60 g (2 oz) de alga kombu seca
30 g (1 oz) de gambas secas
30 g (1 oz) de vieiras secas (conpoy)
40 g (1½ oz) de setas shiitake secas
1,5 litros (50 fl oz/6½ tazas) de agua
200 ml (7 fl oz/1 taza escasa) de mirin
300 ml (10 fl oz/1¼ tazas) de sake para cocinar
40 g (1 ½ oz/3 cucharadas colmadas) de azúcar moreno
250 g (9 oz/1 taza) de sal marina

Pon el alga kombu, las gambas, las vieiras y las setas shiitake en remojo en agua fría toda la noche. Escúrrelo todo y pásalo a un cazo con el agua. Cuece a fuego bajo 20 minutos. Retira el alga y cuela el caldo.

Devuelve al cazo el líquido colado y caliéntalo a fuego bajo. Añade el mirin, el sake, el azúcar moreno y la sal marina y remueve para que todo se disuelva. Calienta a fuego medio 90 minutos y, luego, deja que se enfríe.

Pásalo a un recipiente con tapa y métalo en el frigorífico hasta el día siguiente antes de usarlo. Úsalo en un máximo de 4 semanas.

Para usarlo en el ramen, añade 1-2 cucharadas a cada bol antes de verter el dashi y, luego, los fideos y los condimentos.

ACEITE AROMÁTICO

Salen 975 ml (34 fl oz/4 tazas)

Este condimento a base de guindilla y ajo se suele añadir al ramen justo antes de consumirlo. Es esencial para la experiencia del ramen, porque añadir un poco de grasa en forma de aceite aporta complejidad, aroma y «sensación en boca» al plato, además de facilitar que el caldo se aferre a los fideos.

~~~~~~~~~~~~~~~~~~~~~~~~~~~~~~

15 g (½ oz/2 cucharadas) de ajo laminado
20 g (¾ oz/½ taza) de cebolleta picada
20 g (¾ oz/3 cucharadas) de cebolla blanca picada
975 ml (34 fl oz/4 tazas) de aceite de salvado de arroz
1 guindilla roja seca entera

Deposita el ajo, la cebolleta y la cebolla blanca en un wok o una sartén. Añade el aceite y calienta hasta unos 160 °C (320 °F). Comprueba la temperatura con un termómetro de cocina y baja el fuego ligeramente.

Añade la guindilla roja seca cuando los ingredientes se hayan dorado y sofríe hasta que los bordes de la guindilla estén muy tostados. Decanta el aceite aromatizado en un tarro o recipiente hermético, ciérralo bien y guárdalo en la despensa hasta 3-4 meses.

Para usarlo, riega al gusto el bol de ramen acabado.

ACEITE PICANTE

Salen 450 ml (16 fl oz/2 tazas)

El aceite picante, o *la-yu*, tiene una base de sésamo infusionado con copos de guindilla y es habitual en platos de influencia china, como el ramen, los sofritos orientales o las gyoza. El de esta receta es indispensable para dar un toque picante a tu bol de ramen. Basta con que riegues con él el plato acabado.

~~~~~~~~~~~~~~~~~~~~~~~~~~~~~~

20 g (¾ oz/¼ de taza escaso) de *gochugaru*
(guindilla roja en polvo coreana)
40 g (1½ oz/½ taza escasa) de guindilla en polvo
10 dientes de ajo, laminados
4 cucharaditas de aceite de sésamo
360 ml (12½ fl oz/½ tazas) de aceite de salvado de arroz
10 granos de pimienta negra enteros
1 guindilla roja seca entera

Deposita el gochugaru y la guindilla en polvo en un bol y disuelve en un poco de agua. Mientras, calienta el ajo, el aceite de sésamo y el aceite de salvado de arroz a fuego medio antes de añadir los granos de pimienta y la guindilla roja seca. Retira la sartén del fuego cuando la guindilla se empiece a tostar. Deja enfriar un poco y añade el gochugaru y la guindilla en polvo diluidos.

Una vez se haya enfriado completamente, vierte con cuidado el aceite en un tarro hermético, ciérralo bien y guárdalo en la despensa hasta 3-4 meses.

P. siguiente: Aceite picante y Aceite aromático.

CHASHU DE CERDO

2 raciones

En Japón, el nombre de chashu, o *nibuta*, como se lo llama a veces, alude al proceso de asado a baja temperatura con el que se prepara el plato. El prolongado adobo antes del asado en esta sabrosa receta de cerdo garantiza que se añada un ingrediente sabroso, reconfortante y contundente al bol de ramen.

100 g (3½ oz/½ taza) de azúcar granulado
70 ml (2½ fl oz/⅓ taza) de salsa de soja oscura
1 cucharada de sake para cocinar
2 cucharadas de salsa de ostra
1 cucharadita de ajo rallado
1 cucharadita de jengibre fresco rallado
1 cucharadita de pasta de miso blanco
500 g (1 lb 2 oz) de paleta de cerdo

Mezcla en un bol pequeño el azúcar, la salsa de soja, el sake, la salsa de ostra, el ajo, el jengibre y la pasta de miso. Vuelca la mezcla en un cazo y calienta a fuego bajo unos 7 minutos o hasta que la salsa se haya reducido y espesado ligeramente. Mete la carne en una bolsa con cierre o en un recipiente con tapa.

Cuando el líquido se haya enfriado, viértelo en la bolsa de la carne, ciérrala bien y deja macerar en el frigorífico hasta el día siguiente o, mejor, 2 días. A mitad del proceso de adobo, dale la vuelta a la bolsa para garantizar que toda la carne quede bien empapada.

Saca la bolsa del frigorífico 1-2 horas antes de asar la carne, para que alcance la temperatura ambiente. Precalienta el horno a 200 °C (400 °F/Gas 6). Saca la carne del adobo y ponla en una rejilla sobre una bandeja o fuente de horno. Hornéala 4 minutos y dale la vuelta a media cocción.

Mientras, vierte en un cazo el líquido que haya quedado en la bolsa y hierve a fuego bajo hasta que se reduzca a la mitad. Cuélalo para obtener la salsa. Cuando la carne se haya hecho, sácala del horno y déjala reposar o refrigérala durante 1 hora antes de cortarla en lonchas de 5 cm (2 in) de grosor. Deposita las lonchas sobre los boles de ramen. Puedes verter la salsa sobre la carne o usarla como salsa para untar.

CHASHU DE POLLO

2 raciones

Este chashu (a veces escrito como *cha shu*) se hace con rollitos de pollo, en una versión de los populares rollitos de panceta de cerdo. La carne, guisada en una salsa a base de salsa de soja, queda tierna y suculenta. Prueba este acompañamiento rápido y sencillo sobre tus fideos preferidos y prepara un ramen delicioso.

4 muslos de pollo sin hueso, con la piel, de unos 120 g (4¼ oz) cada uno
30 g (1 oz) de jengibre fresco
2 cebolletas, solo las hojas verdes
3 cucharadas de mirin
3 cucharadas de salsa de soja japonesa
2 cucharadas de sake para cocinar
1 litro (35 fl oz/4¼ tazas) de agua

Retira la grasa y los nervios de los muslos de pollo. Corta en láminas finas el jengibre con la piel y las hojas de cebolleta, en tiras de 10 cm (4 in).

Haz un corte a lo largo del centro de los muslos y ábrelos para que queden planos, con la piel hacia abajo y con un grosor regular. Empieza por un extremo, enrolla los muslos y átalos con cordel de cocina.

Fríe los rollitos en una sartén a fuego medio, hasta que la piel se haya tostado. Ahora, añade dos tercios del mirin, la salsa de soja, el sake y el jengibre. Vierte el agua y calienta a fuego medio. Cuando llegue a ebullición, cubre con una tapa y hierve a fuego bajo durante 40 minutos o hasta que se hayan hecho del todo. Añade las hojas de cebolleta y hierve durante 5 minutos más, para que la salsa se reduzca. Luego, añade el resto del mirin, la salsa de soja y el jengibre y hierve a fuego bajo hasta que el jugo se haya reducido a la mitad y se haya espesado.

Deja reposar, corta en lonchas del tamaño de un bocado y disponlas sobre un bol.

P. siguiente: El chashu de cerdo (*izq.*) es un condimento delicioso y que se deshace en la boca, pero, si prefieres una opción más sencilla, remata el bol de ramen con lonchas de lomo (*dcha.*).

CARNE PICADA CON MISO

6-7 raciones

El miso se elabora fermentando habas de soja hasta convertirlas en una pasta espesa. Se usa en salsas y cremas para encurtir y se mezcla con el caldo dashi en la elaboración de sopas o ramen. Nada da a la comida un sabor umami como este condimento japonés, y esta carne picada con miso realza su sabor único.

~~~~~~~~~~~~~~~~~~~~~~~~~~~~~~~~~~~~~~

100 ml (3½ fl oz/½ taza escasa) de salsa de soja dulce
100 ml (3½ fl oz/½ taza escasa) de salsa de soja oscura
4 cucharadas de pasta de miso blanco
50 ml (2 fl oz/¼ de taza escaso) de sake para cocinar
1½ cucharadita de aceite de colza
500 g (1 lb 2 oz) de carne picada de cerdo
½ cucharadita de pimienta negra molida

Mezcla en un bol pequeño la salsa de soja dulce, la salsa de soja oscura, la pasta de miso y el sake.

Vierte el aceite de colza en una sartén y caliéntalo a fuego medio antes de añadir la carne picada. Una vez la carne haya perdido el color rosa, vierte en la sartén la mezcla de salsas. Lleva a ebullición a fuego bajo y añade la pimienta negra molida. Retira del fuego una vez se haya reducido todo el líquido.

Sirve 2-3 cucharadas de la mezcla sobre cada bol de ramen.

CARNE PICADA VEGANA

6-7 raciones

Esta receta no sustituye la carne de cerdo por proteína de soja procesada, sino que refleja un enfoque más japonés y usa productos naturales. El resultado es una explosión de sabor: el miso y la acidez de la soja realzan la profundidad umami de las setas, equilibrada con un toque de dulzor salado.

~~~~~~~~~~~~~~~~~~~~~~~~~~~~~~~~~~~~~~

450 g (1 lb) de setas shiitake
450 g (1 lb) de setas shimeji
6 cucharadas de pasta de miso blanco
3 cucharadas de sake para cocinar
3 cucharadas de azúcar granulado
1 cucharada de salsa de soja
1½ cucharadas de aceite de sésamo

Prepara las setas cortando los pies (tallos) y picando finamente tanto estos como los sombreros.

Deposita el miso, el sake, el azúcar y la salsa de soja en un bol y remueve bien.

Calienta el aceite de sésamo en una sartén a fuego medio y añade las setas. Sofríe sin dejar de remover durante 3-4 minutos, o hasta que estén tiernas. Añade la mezcla de condimentos y sofríe hasta que las setas hayan absorbido todo el sabor y empiecen a chisporrotear. Retira del fuego y remata el ramen.

HUEVO MARINADO EN SOJA

Salen 10

Los huevos marinados en soja son un clásico de los boles de ramen y una delicatessen que añade suculencia y sal al plato. Los huevos casi siempre se cuecen un punto más que el pasado por agua, para que la yema no cuaje del todo y fluya cuando el huevo se parta por la mitad para servirlo.

~~~~~~~~~~~~~~~~~~~~~~~~~~~~~~~~~~~~~~

10 huevos medianos (grandes en EE. UU.)
750 ml (26 fl oz/3 tazas) de agua
120 ml (4 fl oz/½ taza) de salsa de soja oscura
45 ml (1½ fl oz/3 cucharadas) de mirin
40 ml (1½ fl oz escasas/3 cucharadas) de sake para cocinar
1 cucharadita de caldo de pollo en polvo (o ½ pastilla de caldo de pollo concentrado)

Lleva agua a ebullición en un cazo y añade con cuidado los huevos. Cuécelos durante 6½ minutos y sumérgelos inmediatamente en un bol con agua helada (así te será más fácil pelarlos) durante 5-7 minutos. Pélalos.

Vierte el agua, la salsa de soja, el mirin y el sake en un cazo y lleva a ebullición. Una vez haya hervido, retira del fuego, añade el caldo en polvo, remueve bien y deja enfriar.

Deposita los huevos pelados en una fuente de bordes altos y cúbrelos con la salsa. Marínalos en el frigorífico durante 12 horas y a disfrutar.

HUEVO CON ESPECIAS

4 raciones

En Japón, las distintas versiones de huevo marinado o condimentado con las que se remata el ramen se llaman *ajitsuke tamago* o *ajitama. Aji* significa «sabor» y tama, «bola» (o «huevo»). Es una receta sencilla que puedes preparar con antelación, ya que los huevos se conservarán en el frigorífico hasta 3 días.

~~~~~~~~~~~~~~~~~~~~~~~~~~~~~~~~~~~~~~

4 huevos medianos (grandes en EE. UU.)
50 g (2 oz/ 1 taza) de cebolleta picada gruesa
2 sobres de base de sopa de para ramen instantáneo
Sal marina y pimienta negra molida
1½ cucharaditas de aceite de sésamo

Lleva agua a ebullición en un cazo, añade los huevos con cuidado y hiérvelos durante 7 minutos. Obtendrás huevos duros de consistencia media-firme. Transfiérelos a un bol de agua helada durante 5-7 minutos y pélalos.

Deposita la cebolleta, la base seca de sopa para ramen, la sal y la pimienta y el aceite de sésamo en una bolsa con cierre para bocadillos o para congelador. Ciérrala bien y agita para mezclar los ingredientes. Mete los huevos en la bolsa con la cebolleta aliñada, cierra la bolsa y métela en el frigorífico durante un mínimo de 3 horas.

Para usarlos en el ramen, corta los huevos por la mitad y deposita las mitades sobre los boles.

RAMEN BÁSICO

1 ración

Una vez cuentes con bases de caldo dashi, salsas tare, fideos y aceites aromáticos que meter en el frigorífico, el ramen se convertirá en un plato básico de tus menús semanales. Personaliza la receta de este ramen básico, perfecto para una cena ligera improvisada o un almuerzo rápido, con cualquiera de las salsas tare, caldos y condimentos de este capítulo.

---

150 g (5¼ oz /1 ovillo) de ramen fresco congelado por persona, o de los fideos de tu elección

300 ml (10 fl oz/1¼ tazas) de Dashi de pollo, de cerdo, de pescado o vegano (*véanse pp. 26-28*)

15 g (½ oz/1 cucharada) de salsa tare o shio tare (*p. 29*)

CONDIMENTOS
Condimentos de tu elección (*pp. 18-23*)
Aceite aromático (*p. 30*)

Prepara y cuece tus fideos preferidos siguiendo las instrucciones del fabricante. Mientras, calienta una ración de caldo dashi en el microondas o en un cazo.

Deposita una cucharada de salsa tare en el fondo de un bol. Vierte el caldo encima, para disolverla. Añade una ración de fideos y remata con los condimentos que hayas elegido y un chorrito de aceite.

Normalmente, la transparencia del caldo dashi dictará el tipo de ramen que usar. Los platos delicados de pescado y verduras prefieren dashis de pescado, pollo o veganos, que son más transparentes. El shoyu ramen (de soja) y el shio ramen (salado) se suelen preparar con dashi de pollo, aunque luego uses otras carnes como condimento. El dashi de cerdo se emplea en boles de ramen más contundentes, como el cremoso tonkotsu.

SHOYU RAMEN CLÁSICO

2 raciones

El shoyu ramen, o ramen de salsa de soja, es una receta clásica y versátil cuya estrella es, como habrás supuesto, la salsa de soja, que aporta una capa de sabor básico muy reconfortante y compleja. Si en el frigorífico y el congelador ya tienes dashi de pollo y lomo de cerdo fileteado, podrás preparar este plato en un santiamén.

800 ml (28 fl oz/3½ tazas) de agua
2 cucharadas de salsa de soja japonesa
1 cucharada de dashi de pollo (*p. 26*)
1 cucharadita de salsa de ostra
1 cucharadita de ajo rallado
Sal marina y pimienta negra molida
100 g (3½ oz/1 taza) de brotes de soja
240 g (8½ oz/2 ovillos) de fideos chinos frescos

CONDIMENTOS

4 rodajas de cerdo asado (comprado o Chashu de cerdo, *p. 32*)
2-3 cebolletas, en rodajas
6 brotes de *menma* (bambú fermentado)
1 huevo mediano (grande en EE. UU.), pasado por agua, cortado por la mitad

Comienza por la base de sopa. Vierte el agua, la salsa de soja, el dashi de pollo, la salsa de ostra, el ajo y una pizca de sal y otra de pimienta en un cazo. Cuece a fuego medio hasta que rompa a hervir, añade los brotes de soja y hierve a fuego bajo durante unos instantes.

Mientras, hierve los fideos en otro cazo, siguiendo las instrucciones del fabricante. Una vez hechos, escúrrelos bien en un colador.

Reparte los fideos en 2 boles, vierte el caldo por encima y remata con el pollo asado, la cebolleta, el bambú y el huevo cocido.

El shoyu ramen se inventó en 1910 en Rairaiken, un puesto de fideos de Tokio y el primer restaurante de ramen de Japón. En el cénit de su popularidad, atendía a 3000 comensales diarios. El plato era un caldo sencillo y nutritivo servido con fideos e ingredientes de calidad que variaban en función de la disponibilidad.

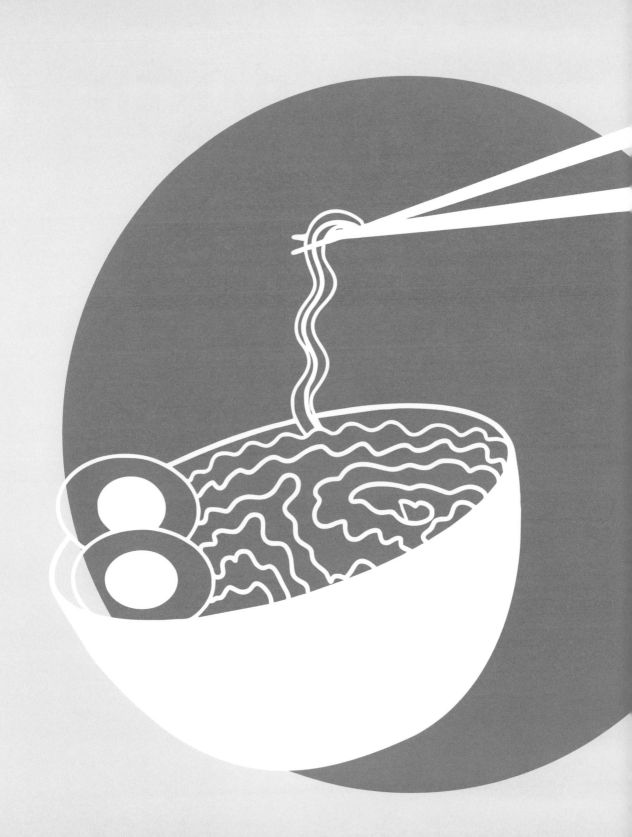

2
RAMEN DE POLLO Y DE PATO

El pollo es un ingrediente muy popular en la gastronomía japonesa y los pollos de origen japonés (*jidori*) acostumbran a ser de razas con pedigrí y muy valoradas por su sabor. El pato (*kamo*) es la base de muchos guisos otoñales con setas y almejas. Tanto el pollo como el pato son ingredientes fantásticos con los que rematar un bol de ramen y hay mil y una maneras de prepararlos y dc disfrutarlos. En las recetas de las páginas siguientes, descubrirás lo versátiles que son estas aves.

RAMEN DE MISO Y GUINDILLA

2 raciones

La moda del ramen con guindilla nació en Corea del Sur, donde esta especia se usa como conservante y como potenciador del sabor. Cuando los fideos picantes llegaron a Japón, empezaron a aparecer recetas que fusionaban ambas tradiciones. El miso que se ha añadido da un toque claramente japonés al plato.

300 g (10½ oz/2 ovillos) de fideos ramen
    frescos congelados
1 cucharada de aceite de sésamo
240 g (8½ oz) de carne de pollo picada
1 cucharada de puré de jengibre
1 cucharada de puré de ajo
400 ml (14 fl oz/1⅓ tazas) de agua
1½ cucharaditas de miso blanco en polvo
1½ cucharaditas de *gochujang* (pasta
    de guindilla roja coreana)
1 cucharadita de salsa de soja japonesa
2 cucharaditas de azúcar granulado
1 cucharada de sake para cocinar
1 cucharadita de caldo de pollo en polvo
2 cebolletas, picadas
2 cucharadas de semillas de sésamo
    molidas

CONDIMENTOS

Cebollino chino, picado
Guindilla roja fresca, en rodajas
Alga wakame, rehidratada durante
    5 minutos en agua fría

Cuece los fideos siguiendo las instrucciones del fabricante y, luego, sumérgelos en agua helada para que adquieran firmeza. Reserva.

Calienta el aceite de sésamo en una sartén a fuego medio. Una vez caliente, sofríe la carne picada, el jengibre y el ajo hasta que la carne se haya hecho del todo. Añade el agua y lleva a ebullición. Baja el fuego y añade el miso en polvo, el *gochujang*, la salsa de soja, el azúcar, el sake, el caldo de pollo en polvo y la cebolleta. Cuece a fuego bajo durante 2-3 minutos, removiendo con suavidad.

Para servir, deposita los fideos en un bol, coloca el pollo encima y vierte la sopa. Añade las semillas de sésamo molidas y remueve con suavidad. Remata con el cebollino, la guindilla y el wakame.

La pasta de miso suele ser un ingrediente esencial en las cocinas japonesas, porque es lo más parecido a la forma natural de la soja. Sin embargo, el miso en polvo tiene un perfil de sabor casi idéntico y dura más, por lo que es una opción mejor para tener en la despensa.

RAMEN DE COLÁGENO

2 raciones

Japón fue uno de los primeros países que promovió la salud y la belleza desde el interior. El colágeno que contienen los cortes más grasos, como estas alitas de pollo, hace que la receta ofrezca beneficios para la salud.

1 diente de ajo
1 trozo de jengibre fresco de 5 cm (2 in)
1 kg (2 lb) de alitas de pollo
4 cebolletas, en rodajas
100 ml (3½ fl oz/½ taza escasa) de sake para cocinar
3 litros (100 fl oz/12½ tazas) de agua
Sal marina y pimienta negra recién molida
240 g (8½ oz/2 ovillos) de fideos chinos frescos

CONDIMENTOS

2 lonchas de cerdo asado (comprado o Chashu de cerdo, *p. 32*)
1 huevo mediano (grande en EEUU), duro
Cebolletas, solo las hojas verdes, en tiras
Otros condimentos de tu elección (*pp. 18-23*)

Aplasta el ajo con el lado plano de un cuchillo. Pela el jengibre y córtalo en láminas finas.

Deposita las alitas de pollo, la cebolleta, el ajo aplastado, el jengibre laminado, el sake y el agua en una olla grande y calienta a fuego medio hasta que rompa a hervir con suavidad. Baja el fuego y hierve a fuego bajo durante 1-2 horas, removiendo de vez en cuando y hasta que la sopa se enturbie. Cuela el caldo y desecha los ingredientes sólidos. Devuelve 600 ml del caldo a la olla y caliéntalo bien. Salpimienta al gusto. Reserva el resto del caldo para otra receta.

Cuece los fideos siguiendo las instrucciones del fabricante. Escúrrelos y repártelos en 2 boles.

Vierte el caldo de pollo sobre los fideos. Dispón las lonchas de cerdo encima. Corta el huevo por la mitad y pon una mitad en cada bol. Esparce la cebolleta por encima y añade el resto de los condimentos que hayas elegido.

ENSALADA DE RAMEN

2 raciones

Aunque tenemos la imagen del ramen como un bol humeante
rebosante de fideos y de caldo, las ensaladas frías de ramen son muy
refrescantes en verano. El ramen frío es una especialidad de Hokkaido,
el hogar del monte Yotei, muy parecido al célebre monte Fuji.

8 hojas de lechuga variada
1 tomate
1 Huevo con especias (*p. 37*)
2 filetes de pechuga de pollo de 170 g
    (6 oz) cada uno
1 cucharada de sake para cocinar
240 g (8½ oz/2 ovillos) de fideos chinos
    frescos
45 g (1½ oz/2 tazas) de rúcula

ALIÑO DE SÉSAMO
2 cucharadas de mayonesa
2 cucharadas de aceite de sésamo
2 cucharadas de semillas de sésamo
    molidas
2 cucharadas de salsa de soja japonesa
2 cucharaditas de azúcar
2 cucharaditas de vinagre de arroz

CONDIMENTOS
Rábano daikon (*mooli*), en juliana
Copos de guindilla

Corta los pies de las hojas de lechuga y lamina las hojas en trozos del
tamaño de un bocado. Corta el tomate en 6 cuñas. Corta el huevo por la
mitad.

Retira y desecha los nervios de los filetes de pechuga y deposita los
filetes en un recipiente resistente al calor. Riégalos con sake, tápalos sin
sellar con papel film y caliéntalos a 800W en el microondas durante
1 minuto y 10 segundos. Espera a que se enfríen y córtalos en rodajas.

Lleva a ebullición un cazo con agua y añade los fideos. Cuécelos
siguiendo las instrucciones del fabricante. Escúrrelos y enjuágalos bajo
el grifo de agua fría.

Prepara el aliño. Deposita la mayonesa, el aceite de sésamo, las semillas
de sésamo molidas, la salsa de soja, el azúcar y el vinagre en un bol
pequeño y remueve bien.

Reparte la lechuga, la rúcula, el tomate, el pollo, los fideos y el huevo
duro en 2 boles y aliña con la salsa. Remata con el rábano daikon y los
copos de guindilla.

Pp. siguientes: Ensalada de ramen (*izq.*) y Ramen cremoso de pollo (*dcha.*).

RAMEN CREMOSO DE POLLO

2 raciones

El tonkotsu ramen, de cerdo, es legendario por su cremosidad, pero cada vez son más las recetas de ramen cremoso que se hacen un hueco como alternativa saciante a los caldos transparentes. Esta receta fría ofrece una manera refrescante, pero suculenta, de disfrutar del bol de pollo y fideos.

2 filetes de pechuga de pollo de 170 g (6 oz) cada uno
300 g (10½ oz/2 ovillos) de fideos ramen frescos congelados
½ cabeza de brócoli, en floretes

SOPA FRÍA DE SOJA Y MISO
170 ml (6 fl oz/¾ de taza) de bebida de soja sin edulcorar
1 cucharada de *mentsuyu* (caldo chino), a triple concentración
2 cucharaditas de miso blanco en polvo
1-2 cucharadas de semillas de sésamo blancas molidas

CONDIMENTOS
Aceite picante (*p. 30*)
Perejil

Deposita los filetes de pollo en un cazo y cúbrelos con agua ligeramente salada. Lleva el cazo a ebullición. Una vez hierva con fuerza, apaga el fuego, tapa el cazo y deja reposar durante 10 minutos. Retira los filetes de pollo, espera a que se enfríen y córtalos en trozos del tamaño de un bocado.

Para la sopa, vierte la bebida de soja, el *mentsuyu*, el miso y las semillas de sésamo molidas en un bol y remueve bien, hasta que el miso en polvo se haya disuelto. Mete la sopa en el frigorífico, para que se enfríe.

Cuece los fideos siguiendo las instrucciones del fabricante. Escúrrelos y sumérgelos en agua helada, para que adquieran una consistencia firme. Cuece el brócoli al vapor sobre una olla de agua hirviendo durante 3 minutos.

Reparte los fideos fríos en 2 boles y vierte la sopa por encima. Remata con el pollo y el brócoli, riega con el aceite picante y adorna los boles con el perejil.

RAMEN DE TOFU Y POLLO

2 raciones

La cremosidad del huevo y del tofu equilibra el picante del pollo, en una deliciosa combinación rica en sabores y en textura. Si prefieres una alternativa vegana, sustituye la carne picada y el huevo por más tofu y usa caldo de verduras vegano en lugar de caldo de pollo.

1 cucharada de aceite de sésamo

1 cucharada de *tobanjan* (pasta de habas de soja y guindilla)

1 diente de ajo, rallado

100 g (3½ oz) de carne de pollo picada

150 g (5¼ oz/1¾ tazas) de brotes de soja

500 ml (18 fl oz/2 tazas) de agua

2 cucharadas de *gochujang* (pasta de guindilla roja coreana)

1 cucharada de salsa de soja coreana

1½ cucharaditas de caldo de pollo en polvo o 1 pastilla de caldo de pollo concentrado

150 g (5¼ oz) de tofu firme, en dados

1 huevo, batido

300 g (10½ oz/2 ovillos) de fideos ramen frescos congelados

CONDIMENTOS

1 cucharada de semillas de sésamo blancas

1-2 cebolletas, en rodajas

Añade el aceite de sésamo, el *tobanjan* y el ajo a una sartén y sofríe a fuego medio, sin quemar el ajo. Añade la carne de pollo picada y los brotes de soja y remueve hasta que la carne se haya dorado y hecho del todo.

Ahora, vierte el agua, el *gochujang*, la salsa de soja y el caldo de pollo en polvo. Remueve bien y lleva a ebullición. Añade el tofu, devuelve a ebullición a fuego bajo y vuelca poco a poco el huevo batido, de modo que flote sobre la salsa.

Cuece los fideos siguiendo las instrucciones del fabricante y repártelos en 2 boles. Riega con la salsa de pollo y esparce la cebolleta y las semillas de sésamo por encima.

Tostar las semillas de sésamo no solo aumenta el volumen de estas, sino que, además, intensifica su aroma a frutos secos. Las puedes tostar en una bandeja en el horno a temperatura media durante 8-10 minutos. Si tienes prisa, las semillas crudas quedarán igual de bien como condimento del ramen, al que añadirán textura y atractivo visual.

RAMEN DE POLLO AL CURRI

2 raciones

El curri llegó a Japón en la década de 1850, en una versión modificada de las múltiples especias que se usan en los curris indios tradicionales. El curri, aún un favorito en Occidente, adquirió mucha popularidad en la década de 1960 y esta receta plasma la deliciosa versión de curri que se ha desarrollado en Japón.

2-3 zanahorias medianas
1-2 cebolletas
240 g (8½ oz/2 ovillos) de fideos chinos frescos
1 cucharada de aceite vegetal
150 g (5¼ oz) de carne de pollo picada
2 cucharadas de maíz congelado
Sal marina y pimienta negra recién molida
50 g (2 oz) de pasta de curri japonés, picante medio
1 cucharadita de caldo de pollo en polvo
800 ml (28 fl oz/3½ tazas) de agua

CONDIMENTOS
1 huevo mediano (grande en EE. UU.), pasado por agua
1-2 cebolletas, en rodajas
2 cucharadas de maíz en conserva

Pela las zanahorias y córtalas longitudinalmente en cintas finas. Corta las cebolletas en láminas al bies. Hierve agua en un cazo, vierte los fideos y cuécelos siguiendo las instrucciones del fabricante. Escúrrelos bien.

Calienta el aceite vegetal en una sartén y añade la carne picada, la zanahoria, la cebolleta y el maíz.

Sofríe a fuego medio hasta que la carne picada cambie de color. Salpimienta y remueve bien.

Ahora, añade la pasta de curri, el caldo de pollo en polvo y el agua. Lleva a ebullición y remueve para que los ingredientes se mezclen bien. Baja a fuego bajo y cuece hasta que el polvo y la pasta se hayan disuelto.

Vuelca los fideos cocidos en la sartén y remueve bien para que queden bien untados en la salsa de curri.

Reparte en 2 boles. Corta el huevo pasado por agua por la mitad y pon una mitad en cada bol. Esparce por encima la cebolleta y el maíz.

RAMEN DE POLLO Y TOMATE

2 raciones

Japón empezó a importar kétchup de EE. UU. en la década de 1960 y, como tiene un elevado contenido en vinagre y azúcar, adquirió popularidad como sustituto de ingredientes como el puré (pasta) de tomate. Si te gustan las salsas de tomate, prueba esta suculenta receta.

2 filetes de pechuga de pollo de 170 g (6 oz) cada uno
240 g (8½ oz/2 ovillos) de fideos chinos frescos
½ cucharadita de azúcar granulado
½ cucharadita de sal
Pimienta negra recién molida
1 cucharadita de salsa de soja japonesa
2 cucharaditas de caldo de pollo en polvo
1 cucharada de kétchup
400 ml (14 fl oz/1⅔ tazas) de zumo de tomate sin sal
100 ml (3½ fl oz/½ taza escasa) de agua

CONDIMENTOS
2 cucharadas de aceite de sésamo
Hojas de shiso o de espinaca, troceadas

Hierve abundante agua en un cazo y pon los filetes de pollo enteros. Baja a fuego bajo y cuece la carne 10 minutos, retírala y reserva. Devuelve el agua a ebullición y espuma los residuos de la superficie antes de añadir los fideos y cocerlos a fuego medio unos 3 minutos. Escúrrelos y córtalos con unas tijeras en trozos fáciles de comer. Desmenuza el pollo.

Mezcla en una cazuela el azúcar, la sal, la pimienta, la salsa de soja, el caldo de pollo en polvo, el kétchup, el zumo de tomate y el agua y cuece a fuego medio 5-10 minutos, removiendo para mezclarlo todo bien.

Sirve en la salsa los fideos cortados y deposita el pollo desmenuzado en un montoncito en el centro. Esparce las hojas de shiso por encima y riega con el aceite de sésamo.

Las hojas de shiso, u *oba*, se usan con frecuencia en los platos de pescado crudo japoneses, porque, tradicionalmente, se creía que facilitaban la digestión y protegían de la intoxicación alimentaria. Tienen un sabor elegante y peculiar, semejante al anís, y un aroma intenso, con el que aportan frescor a ensaladas y platos con fideos.

RAMEN DE ALITAS DE POLLO

2 raciones

En esta receta, las alitas de pollo se han adobado en salsa de ostra. Elaborada con azúcar, sal y extractos de ostra, es un ingrediente tradicional en la gastronomía cantonesa, porque las ostras abundaban en las costas de Hong Kong y Cantón. Se dice que la inventó Lee Kum Sheung, un restaurador del sur de China, en 1888.

6 alitas de pollo enteras, que hagan un total de 600 g (1 lb 5 oz)
800 ml (28 fl oz/3½ tazas) de agua
2 cucharaditas de caldo de pollo en polvo
2 cucharadas de sake para cocinar
4 cucharaditas de salsa de soja japonesa
½ cucharadita de aceite de sésamo
1 cucharada de aceite vegetal
4 bulbos de pak choi (bok choi)
300 g (10½ oz/2 ovillos) de fideos ramen frescos congelados

ADOBO
2 cucharaditas de azúcar granulado
2 cucharadas de salsa de soja japonesa
2 cucharadas de sake para cocinar
2 cucharadas de salsa de ostra

CONDIMENTOS
1-2 cebolletas, laminadas
Copos de guindilla

Parte las alitas en dos por la articulación. Corta una línea a lo largo del extremo más carnoso, para facilitar la cocción. Deposita las puntas de las alitas troceadas en un cazo, cúbrelas con agua y añade el caldo de pollo en polvo, el sake, la salsa de soja y el aceite de sésamo. Hierve a fuego bajo 10-15 minutos y espuma la superficie durante la cocción. Cuela el líquido para obtener el caldo y desecha las puntas de las alitas.

Prepara el adobo. Mezcla el azúcar, la salsa de soja, el sake y la salsa de ostra en un bol. Sumerge en el adobo los trozos restantes de alitas de pollo y remueve para untarlas bien. Déjalas en adobo unos 10 minutos.

Calienta el aceite vegetal en una sartén y añade las alitas de pollo adobadas. Tuéstalas en toda su superficie y escurre y desecha los jugos y la grasa sobrantes una vez estén hechas. Añade el resto del adobo, tapa el cazo y mantén a fuego bajo durante 2-3 minutos.

Recorta el pie del pak choi y corta a lo largo el tallo en cuatro trozos. Blanquéalos 1-2 minutos en agua con sal hirviendo y escúrrelos.

Cuece los fideos en agua hirviendo siguiendo las instrucciones del fabricante. Escúrrelos y repártelos en los boles antes de verter el caldo por encima. Añade las alitas y la salsa. Remata con el pak choi, la cebolleta y los copos de guindilla

TAN TAN MEN

2 raciones

Esta versión japonesa del ramen tradicional de Sichuan incluye pollo frito aromatizado y servido en un caldo picante y cremoso con sabor a tahina. Un magnífico plato único en un bol.

2 dientes de ajo
1 cucharada de aceite vegetal
2 cucharadas de salsa de soja japonesa
2 cucharadas de salsa de ostra
200 g (7 oz) de carne de pollo picada
150 ml (5 fl oz/⅔ de taza) de agua
2 cucharaditas de caldo de pollo en polvo o 1 pastilla de caldo de pollo concentrado
200 ml (7 fl oz/1 taza escasa) de bebida de almendra o de soja
240 g (8½ oz/2 ovillos) de fideos chinos frescos

SALSA DE TAHINA
1-3 cucharaditas de Aceite picante (*p. 30*), al gusto
1 cucharada de salsa de soja japonesa
1 cucharada de tahina

CONDIMENTOS
1-2 cebolletas, en rodajas
2 Huevos marinados en soja (*p. 37*)
Hojas de espinaca fresca

Pica el ajo muy fino. Calienta el aceite vegetal en una sartén a fuego medio-alto y sofríe el ajo hasta que se empiece a dorar. Añade las salsas de soja y de ostra y remueve bien 1 minuto. Añade el pollo picado y sofríelo 5-6 minutos o hasta que esté hecho del todo y pierda el color rosado.

Para la sopa, calienta el agua en un cazo a fuego medio-alto y añade el caldo de pollo en polvo y la bebida de almendra o de soja. No dejes que hierva del todo. Mientras, cuece los fideos siguiendo las instrucciones del fabricante. Prepara la salsa de tahina mezclando el aceite picante, la salsa de soja y la tahina en un bol pequeño, hasta integrarlo todo bien.

Reparte los fideos en 2 boles, añade la sopa y la salsa, deposita el pollo encima con ayuda de una cuchara y remata con las mitades de huevo, las espinacas y la cebolleta.

El nombre de este plato, que en chino se llama *dan dan*, alude a la vara de madera que se cargaba a la espalda para transportar los recipientes llenos de este plato de fideos, pollo y aceite aromatizado que compraban los clientes hambrientos cerca de Chengdu. Al principio, este plato de fideos no tenía sopa, para facilitar su transporte. La versión moderna ha añadido el caldo.

RAMEN DE PATO DULCE Y PICANTE

2 raciones

El intenso sabor y la suculenta textura hacen del pato un ingrediente fantástico que maridar con otros sabores intensos. Esta receta hará feliz a tu paladar con la dulce profundidad del teriyaki y el intenso picante del *gochujang*.

~~~~~~

240 g (8½ oz) de pechuga de pato
2 cucharadas de aceite vegetal
800 ml (28 fl oz/3½ tazas) de agua
1 cucharada de caldo de pollo en polvo
1 cucharada de *nam pla* (salsa de pescado)
1 cucharada de alguna salsa de guindilla, como la sriracha
2 cucharaditas de salsa de soja japonesa
240 g (8½ oz/2 ovillos) de fideos chinos frescos

ADOBO
4 cucharadas de salsa teriyaki
1 cucharada de *gochujang* (pasta de guindilla roja coreana)
1 cucharada de mirin
1 cucharada de sake para cocinar

CONDIMENTOS
1 guindilla ojo de pájaro roja fresca, sin semillas y en láminas finas al bies
75 g de chalotas, picadas finas
Cebollino japonés, picado fino

Prepara el adobo. Mezcla la salsa teriyaki, el *gochujang*, el mirin y el sake en un bol. Añade la pechuga de pato y asegúrate de que ambas caras queden bien untadas de adobo. Tapa y refrigera durante un mínimo de 20 minutos.

Precalienta el horno a 180 °C (350 °F/Gas 4).

Calienta a fuego medio una cazuela apta para horno y añade el aceite vegetal. Una vez se haya calentado, fríe el pato durante 3 minutos por cada lado. Mete la cazuela en el horno precalentado durante 7 minutos, para que la carne quede al punto. Saca el pato del horno y reserva, para que se enfríe hasta la temperatura ambiente.

Calienta el agua en una olla grande a fuego alto, añade el caldo de pollo en polvo, la salsa de pescado, la salsa de guindilla y la salsa de soja y hierve a fuego bajo durante 3 minutos.

Cuece los fideos siguiendo las instrucciones del fabricante. Escúrrelos y repártelos en 2 boles. Vierte el caldo por encima.

Ahora, el pato debería estar frío al tacto. Córtalo en lonchas finas y disponlas sobre los fideos y el caldo. Esparce la guindilla laminada, las chalotas y el cebollino por encima.

Pp. siguientes: Tan Tan Men (*izq.*) y Ramen de pato dulce y picante (*dcha.*).

RAMEN DE PATO Y YUZU

2 raciones

Aunque el pato es un ingrediente muy apreciado en la gastronomía china, también se come en Japón en un estilo conocido como *yakitori*, un plato asado y macerado. La receta combina la suculencia del pato con los aromas cítricos, fragantes y frescos del yuzu.

2 pechugas de pato con la piel, de 200 g (7 oz) cada una
2 cucharaditas de sal marina gruesa
2 cucharaditas de cilantro molido
400 ml (14 fl oz/1⅔ tazas) de agua
2 cucharadas de sake para cocinar
2 cucharadas de salsa de soja clara
1 cucharadita de caldo de pollo en polvo
½ cucharadita de caldo de alga kombu en polvo
240 g (8½ oz/2 ovillos) de fideos chinos frescos

CONDIMENTOS
2-3 rodajitas de yuzu fresco
1-2 cucharaditas de *yuzu kosho*
Cebolletas, en láminas

Precalienta el horno a 200 °C (400 °F/Gas 6). Con un cuchillo limpio y afilado, haz 5 cortes poco profundos sin llegar a la carne en las pechugas en una dirección a lo ancho, gira 90° y haz otros 5 cortes más, de modo que los cortes se crucen. Así la piel soltará la grasa durante la cocción.

Esparce la sal y el cilantro sobre la piel de pato y deposita las pechugas, con la piel hacia abajo, en una cazuela grande y fría apta para horno. Márcalas a fuego medio durante 5 minutos. Cuando la grasa empiece a chisporrotear en la cazuela, baja un poco el fuego. Da la vuelta a las pechugas y márcalas durante 2 minutos más.

Ahora, mete la cazuela en el horno 5 minutos para que las pechugas queden al punto. Si las prefieres más hechas, déjalas unos minutos más. Deposítalas sobre una tabla de cortar y déjalas reposar 5 minutos.

¡No tires el aceite! Déjalo en la sartén. Mientras el pato reposa, vierte el agua en la sartén y lleva a ebullición. Añade el sake, la salsa de soja clara, el caldo de pollo en polvo y el caldo de alga kombu en polvo. Hierve a fuego bajo.

Cuece los fideos en agua hirviendo durante 3 minutos. Escúrrelos y repártelos en 2 boles. Vierte la sopa caliente por encima a cucharadas. Corta el pato en lonchas finas y disponlas sobre los fideos. Remata con las rodajitas de yuzu, el *yuzu kosho* y la cebolleta laminada.

RAMEN DE PATO PARA REMOJAR

2 raciones

Se atribuye a Kazuo Yamagishi, un pionero del ramen, la creación de los fideos para remojar, o *tsukemen*, en la década de 1950. Los fideos y la sopa se sirven en boles separados, para disfrutarlos juntos sumergiendo los primeros en la segunda. Así, los fideos se pueden degustar más fríos de lo que quedarían en el caldo. De hecho, se pueden servir fríos directamente.

1 cebolla blanca mediana
6 cebolletas
200 g (7 oz) de pechuga de pato, con la piel
240 g (8½ oz/2 ovillos) de fideos chinos frescos
300 ml (10 fl oz/1¼ tazas) de agua
2 cucharaditas de caldo de alga kombu en polvo
2 cucharadas de salsa de soja japonesa
2 cucharadas de sake para cocinar
50 ml (1¾ fl oz/¼ escaso de taza) de mirin

CONDIMENTO
1 cucharadita de *shichimi togarashi*, al gusto

Corta la cebolla en semicírculos de 1 cm (½ in) y la cebolleta en rodajitas finas. Corta la pechuga de pato en tiras finas. Cuece los fideos en agua hirviendo siguiendo las instrucciones del fabricante. Escúrrelos y enjuágalos en agua fría.

Vierte el agua, el caldo de alga kombu en polvo, la salsa de soja, el sake y el mirin en un cazo a fuego alto, remueve bien y lleva a ebullición. Una vez esté hirviendo, añade la cebolla, baja el fuego y hierve a fuego bajo.

Calienta una sartén a fuego medio-alto y sofríe rápidamente las tiras de pato y la cebolleta durante unos 5 minutos, para sellar los aromas y la textura. Evita pasarte con la cocción del pato.

Una vez hechos, añade el pato y la cebolleta a la base de caldo.

Reparte los fideos fríos en 2 boles. Vierte la sopa de pato en otros 2 boles, para poder remojar los fideos en ellos. Esparce por encima el *shichimi togarashi*.

Para comer, sumerge algunos fideos fríos en el caldo caliente con ayuda de unos palillos… y a sorber.

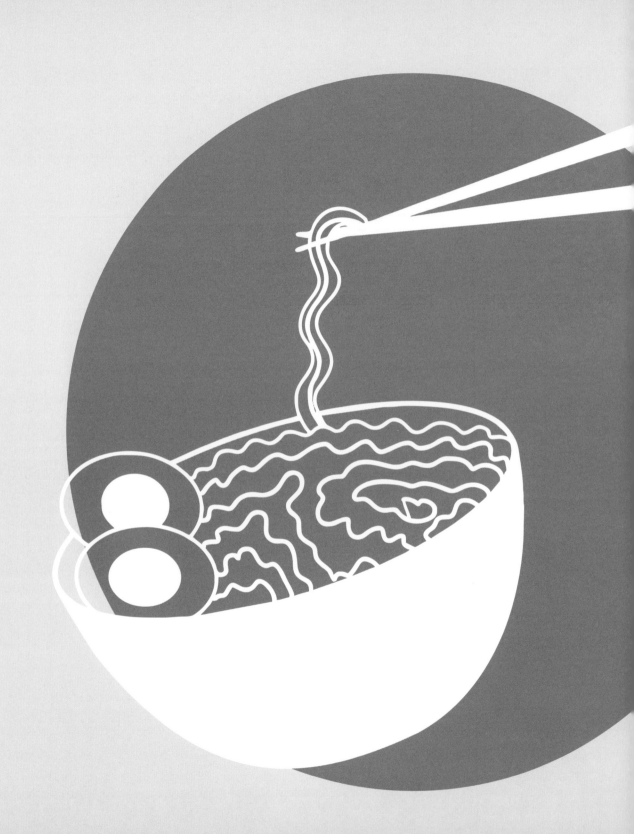

3
RAMEN DE CERDO Y DE TERNERA

Aunque el buey Wagyu y el de Kobe se han hecho mundialmente famosos por su atractivo marmoleado que se funde en la boca, los cortes de carne más asequibles también se pueden convertir en las estrellas de un delicioso bol de ramen. De todos modos, la carne más popular en Japón es la de cerdo, por su capacidad para impregnarse de sabor y porque añade textura, ya sea picada y frita con aromáticos o como una suculenta loncha de panceta dispuesta sobre los fideos.

RAMEN DE CHASHU DE CERDO

2 raciones

Originalmente, en Cantón se cocinaba el cerdo en una versión de barbacoa llamada *char siu*, que significa «asado con tenedor». En este plato, la panceta se fríe a fuego alto en una sartén seca, para que quede muy crujiente. Las lonchas de melosa panceta, cocidas en una salsa dulce y salada, son un condimento delicioso y reconfortante en los boles de ramen.

450 g (1 lb) de panceta de cerdo
3 cucharadas de sake para cocinar
1 litro (35 fl oz/4¼ tazas) de agua, y 600 ml (20 fl oz/2½ tazas) adicionales
1 diente de ajo, en láminas finas
1 cucharadita de jengibre fresco rallado
3 cucharadas de salsa de soja japonesa
3 cucharadas de miel
1 cucharada de salsa de ostra
240 g (8½ oz/2 ovillos) de fideos chinos frescos

CONDIMENTOS
Huevo marinado en soja (*p. 37*)
3 cebolletas, con las hojas verdes cortadas en tiras de 5 cm (2 in)

Pincha con un tenedor toda la superficie de la panceta. Deposítala en una sartén honda caliente a fuego medio y tuéstala. Añade el sake y 1 litro (35 fl oz/4¼ tazas) de agua. Sube a fuego alto. Lleva a ebullición y baja a fuego bajo, tapa la sartén y deja que hierva 30 minutos.

Cuando la panceta esté hecha, retira la sartén del fuego y reserva unos 100 ml (3½ fl oz/½ taza escasa) del líquido de cocción. Desecha el resto. Deposita en otra cazuela el ajo, el jengibre rallado, la salsa de soja, la miel, la salsa de ostra y el líquido de cocción que has reservado y lleva a ebullición.

Devuelve la panceta a la sartén durante 2 minutos, retírala y córtala en tiras finas. Déjala reposar.

Mientras, hierve a fuego bajo durante 10 minutos los jugos de carne que queden en la sartén, hasta que se reduzcan y se conviertan en la salsa del caldo. Hierve los 600 ml (20 fl oz/2½ tazas) de agua y repártela en 2 boles. Añade la salsa reducida al agua y remueve con unos palillos o con un tenedor, para que los líquidos se mezclen.

Cuece los fideos siguiendo las instrucciones del fabricante. Escúrrelos y repártelos en los 2 boles. Deposita las tiras de panceta encima y añade medio huevo a cada bol. Esparce la cebolleta por encima.

RAMEN DE KIMCHI

2 raciones

El kimchi, o «encurtido coreano», no se hizo un hueco habitual en las cocinas japonesas hasta la década de 1980, aunque sí era consumido por los inmigrantes coreanos. En esta receta, apenas hay caldo y los fideos quedan untados de salsa.

800 g (10½ oz/1 lb 12 oz) de fideos ramen frescos congelados
150 g (5¼ oz) de carne de cerdo picada
80 g (3 oz/½ taza) de kimchi
2 cucharadas de salsa barbacoa coreana (la marca que prefieras)
2 cucharadas de *mentsuyu* (caldo chino), a doble concentración
2 cucharadas de aceite de sésamo

CONDIMENTOS

Semillas de sésamo negras
2 yemas de huevo
Kimchi adicional (opcional)

Hierve los fideos ramen siguiendo las instrucciones del fabricante, escúrrelos y resérvalos.

Ahora, lleva a ebullición un cazo de agua y añade la carne picada. Cuécela durante 3 minutos y escúrrela en un colador.

Reparte la carne picada y el kimchi en 2 boles y remueve bien. Añade 1 cucharada de salsa barbacoa coreana, 1 cucharada de *mentsuyu* y 1 cucharada de aceite de sésamo a cada bol. Remueve de nuevo.

Añade los fideos cocidos y remueve, para untarlos bien con la salsa. Esparce por encima las semillas de sésamo negras y remata cada bol con 1 yema de huevo y más kimchi, si quieres.

El kimchi es col fermentada muy especiada y un plato tradicional coreano cuyo origen se remonta a hace 3000 años, como sistema para conservar las verduras durante el frío invierno. Es ácido y amargo y acompaña a casi todas las comidas en Corea del Sur.

NARUTO RAMEN

2 raciones

Este nutritivo ramen se inspira en el plato preferido de
Naruto, el personaje de manga japonés. Nada satisface
más a Naruto que un bol de ramen con una ración extra
de cerdo asado. El jengibre, el mirin y el miso del plato
te satisfarán a ti.

300 g (10½ oz/2 ovillos) de fideos ramen
    frescos congelados
1½ cucharaditas de aceite de sésamo
1 cucharada de puré de ajo
1 cucharadita de puré de jengibre
2 cucharadas de pasta de miso blanco
1 cucharada de mirin
1½ cucharaditas de salsa de soja japonesa
2-3 cucharadas de caldo de pollo en
    polvo, o 2 cubos de caldo de pollo
500 ml (18 fl oz/2 tazas) de agua
200 g (7 oz) de cerdo asado, en lonchas
300 g (10½ oz/3 tazas) de brotes de soja
250-300 ml (9-10 fl oz/1⅓ tazas) de
    bebida de soja
1 cucharada de semillas de soja molidas
Pimienta negra recién molida

CONDIMENTOS
6 lonchas de *narutomaki*
    (pastel de pescado)
2 Huevos con especias (*p. 37*)
Menma (brotes de bambú fermentado)
1-2 cebolletas, en rodajas
Láminas de alga nori y *shichimi togarashi*

Cuece los fideos según las indicaciones del fabricante. Escurre y reserva.

Deposita el aceite de sésamo, el puré de ajo, el puré de jengibre, el miso,
el mirin, la salsa de soja, el caldo de pollo en polvo y el agua en una
cazuela y lleva a ebullición. Añade las lonchas de cerdo y, al cabo de
aproximadamente 1 minuto, los brotes de soja.

Tras unos 2-3 minutos de cocción, cuando los brotes de soja se hayan
ablandado, añade la bebida de soja, sin que hierva. Una vez caliente,
añade las semillas de sésamo y pimienta negra molidas al gusto.

Reparte los fideos en 2 boles, vierte encima la sopa con el cerdo y remata
con 3 rodajas de *narutomaki* y medio huevo. Añade la cebolleta, el *menma*,
el alga nori y un poco de *shichimi*.

Corta las láminas de alga nori en trozos del tamaño
deseado antes de añadirla al bol de ramen. El alga es
salada, fina como el papel y deliciosa, pero cómetela
pronto, antes de que se reblandezca en el líquido.

RAMEN CON HUEVO ESPONJOSO

2 raciones

El huevo recién batido que se vierte en el caldo de esta nutritiva
receta proporciona al plato una textura deliciosa y suculenta.
Sírvelo sobre fideos para una cena rápida y sin complicaciones.

~~~~~~

200 g (7 oz) de panceta de cerdo,
   en lonchas
6 cebollinos chinos
½ zanahoria grande
2 cucharaditas de aceite de sésamo
800 ml (28 fl oz/3½ tazas) de agua
2-3 cucharadas de caldo de pollo en
   polvo, o 2 pastillas de caldo de pollo
   concentrado
1 cucharada de salsa de soja japonesa
1 cucharada de mirin
100 g (3½ oz/1 taza) de brotes de soja
2 huevos medianos (grandes en EE. UU.),
   batidos
240 g (8½ oz/2 ovillos) de fideos chinos
   frescos

CONDIMENTOS
2 cucharaditas de semillas de sésamo
Mayu (aceite de ajo negro)

Corta las lonchas de panceta y los cebollinos en tiras de 3 cm (1¼ in).
Pica finamente la zanahoria.

Calienta el aceite de sésamo en un cazo a fuego medio y fríe la panceta
y las zanahorias. Cuando la panceta cambie de color, añade el agua, el
caldo de pollo en polvo, la salsa de soja y el mirin. Hierve a fuego bajo
durante 3-4 minutos, hasta que la zanahoria se poche.

Añade el cebollino y los brotes de soja y lleva a ebullición. Vierte en el
cazo los huevos y apaga el fuego en cuanto se vuelvan esponjosos.

Cuece los fideos siguiendo las instrucciones del fabricante, escúrrelos
y repártelos en 2 boles. Vierte encima el caldo de panceta y esparce las
semillas de sésamo. Remata con unas gotas de aceite de ajo negro.

~~~~~~

Si has de añadir huevo directamente al caldo, es vital
que lo batas antes de verterlo en el líquido hirviendo. Por
otro lado, también puedes cascar un huevo entero sobre
el caldo, para que se cueza, pero antes tendrás que bajar
el fuego y luego regar el huevo con cucharadas de caldo
caliente hasta que alcance el punto deseado.

RAMEN ADICTIVO TODO EN UNO

2 raciones

Estos suculentos fideos con panceta de cerdo
crujiente son una bomba de sabor irresistible.
El yuzu añade refrescantes notas cítricas.

~~~~~~

1 cucharada de aceite de sésamo
200 g (7 oz) de panceta de cerdo,
  en lonchas finas
3-4 cebolletas
Sal marina
600 ml (20 fl oz/2½ tazas) de agua
2 cucharadas de *mentsuyu* (caldo chino),
  a doble concentración, diluido en
  6 cucharadas de agua
8 g (¼ oz/2½ cucharaditas) de caldo
  de alga kombu en polvo
2 cucharaditas de azúcar granulado
1 cucharada de puré de yuzu
300 g (10½ oz/2 ovillos) de fideos
  de ramen frescos congelados

CONDIMENTOS
Ralladura de yuzu, en tiras
Alga nori troceada

Pinta una sartén con el aceite de sésamo y deposita la panceta y la cebolleta, con una pizca de sal.

Fríe a fuego alto hasta que la panceta esté crujiente y la cebolleta, ligeramente tostada. Añade entonces el agua, el *mentsuyu*, el caldo de alga kombu en polvo, el azúcar y el puré de yuzu. Baja a fuego medio y cuece durante 5-7 minutos. Mientras se calienta el caldo, añade los fideos y cuécelos directamente en la salsa durante 2 minutos o hasta que estén hechos.

Reparte la panceta, los fideos y la salsa en 2 boles. Remata con el alga nori troceada y la ralladura de yuzu para añadir un toque cítrico.

~~~~~~

El yuzu, de color amarillo, es un acidulante popular en Japón y permite añadir notas cítricas a los platos. Se pueden usar tanto la ralladura como los jugos y es más aromático que el limón y la lima.

Pp. siguientes: Ramen de huevo esponjoso (*izq.*) y Ramen adictivo todo en uno (*dcha.*).

CALDO DE CARNE PICADA DE CERDO

2 raciones

Este caldo reconfortante y de sabor intenso se asemeja más a
un guiso que otros caldos dashi, porque incluye pasta de soja,
setas shiitake y almidón de patata. Salen raciones generosas.

1 diente de ajo
1 trozo de jengibre fresco de 5 cm (2 in)
5 cebolletas
40 g (1½ oz) de setas shiitake
40 g (1½ oz/⅓ taza) de brotes de bambú
1 cucharada de aceite vegetal
160 g (5½ oz) de carne de cerdo picada
1 cucharadita de *doenjang* (pasta de soja)
25 ml (1 fl oz/5 cucharaditas) de salsa de
   soja dulce
4 cucharadas de sake para cocinar
2 cucharadas de mirin
1 cucharada de salsa de soja japonesa
1 cucharada de caldo Dashi de pollo
   (*p. 26*)
500 ml (18 fl oz/2 tazas) de agua
1 cucharada de almidón de patata,
   disuelta en 3 cucharadas de agua
240 g (8½ oz/2 ovillos) de fideos chinos
   frescos

CONDIMENTOS
1 cucharada de aceite de sésamo
40 g (1½ oz) de pepino, en juliana

Pica fino el ajo, el jengibre, las cebolletas, las setas shiitake y el bambú.

Pinta una sartén con el aceite vegetal y sofríe el ajo y el jengibre durante unos 2 minutos, o hasta que empiecen a despedir aromas. Añade la carne picada y sofríela hasta que toda la humedad se haya evaporado. Añade el *doenjang* y la salsa de soja dulce y sofríe hasta que la sartén esté prácticamente seca. Entonces, añade el sake, el mirin, la salsa de soja, el dashi de pollo y el agua. Hierve a fuego medio durante unos 5 minutos. Cuando el nivel de agua haya disminuido, añade poco a poco el almidón de patata soluble en agua, hasta que el caldo espese.

Prepara los fideos siguiendo las instrucciones del fabricante. Escúrrelos y sírvelos en 2 boles. Vierte la salsa de carne por encima y remata con el pepino y un chorrito del aceite de sésamo.

El *doenjang* es una pasta picante coreana elaborada con soja fermentada y salmuera. El perfil de sabor, umami y salado, es ideal para condimentar caldos. Se suele freír en aceite, para liberar la intensa profundidad de sabor que contiene.

RAMEN ESPESO DE MISO

2 raciones

El *tobanjan* añade picante a esta receta de ramen, mientras que el sazonador para sopa Shantung, un preparado para sopa china que es una mezcla de aceite, cebolla, ajo y especias en forma de pasta, aporta al caldo aromas umami delicados y dulces.

1 cucharada de aceite de sésamo
80 g (3 oz) de carne de cerdo picada
1 diente de ajo, rallado
1 trozo de jengibre fresco de 4 cm (1½ in)
1 cucharadita de *tobanjan* (pasta de guindilla y habas)
1 cucharada de zanahoria rallada
3 cucharadas de cebolla blanca rallada
1 cucharadita de apio rallado
4 cucharadas de pasta de miso sin edulcorar
1 cucharadita de sazonador para sopa Shantung
1 cucharadita de azúcar granulado
2 cucharaditas de salsa de soja japonesa
700 ml (24 fl oz/3 tazas) de agua
240 g (8½ oz/2 ovillos) de fideos chinos frescos

CONDIMENTOS
1-2 cebolletas, en rodajas
1 huevo mediano (grande en EE. UU.), cocido y cortado por la mitad
Aceite aromático (*p. 30*)

Calienta el aceite de sésamo en una sartén grande y sofríe la carne picada. Añade el ajo, el jengibre y el *tobanjan* y sofríe durante 5-10 minutos más.

Añade la zanahoria rallada, la cebolla y el apio a la sartén, junto con la pasta de miso, el sazonador para sopa Shantung y el azúcar. Sofríe durante unos 5 minutos hasta que las verduras estén tiernas. Añade la salsa de soja y prolonga la cocción 1 minuto antes de añadir el agua y llevar el conjunto a ebullición.

En otra cazuela, lleva agua a ebullición y cuece los fideos siguiendo las instrucciones del fabricante. Escúrrelos bien y repártelos en 2 boles. Vierte la sopa caliente sobre los fideos, deposita encima la cebolleta y medio huevo duro y riega con un chorrito de aceite aromático.

El *tobanjan* es una pasta al estilo de Sichuan elaborada con habas y una combinación especial de guindilla. Aunque no es excesivamente picante, es un ingrediente fantástico que usar como salsa para untar o para añadir un toque picante a caldos y a sofritos orientales de carne y verduras.

RAMEN DE TAIWÁN

2 raciones

El nombre de este conocido plato es algo engañoso, porque la receta
no procede de Taiwán, sino de Nagoya (Japón). Se ideó en la década
de 1980, cuando la comida picante empezó a ganar popularidad.

2-3 guindillas rojas enteras secas
2 dientes de ajo
1 trozo de jengibre fresco de 5 cm (2 in)
100 g (3½ oz/1 taza) de brotes de soja
1 cucharada de aceite de sésamo
1 cucharadita de *tobanjan* (pasta de
    guindilla y habas)
200 g (7 oz) de carne de cerdo picada
2 cucharaditas de caldo de pollo en polvo
2 cucharaditas de salsa de soja japonesa
Sal marina y pimienta negra molida
1 litro (35 fl oz/4¼ tazas) de agua
280 g (10 oz) de fideos de cristal chinos

CONDIMENTOS
Cebollino chino, cortado en trozos
    de 5 cm (2 in)
Rábano daikon morado (*mooli*),
    en láminas

Extrae las semillas de las guindillas secas y corta estas en rodajitas finas.

Pica muy finos el ajo y el jengibre y enjuaga los brotes de soja bajo el grifo
de agua fría. Calienta el aceite de sésamo en una sartén y sofríe el ajo
y el jengibre durante unos 2 minutos o hasta que empiecen a despedir
aromas. Añade el *tobanjan* y sofríe 1 minuto más. Añade la guindilla y la
carne picada y sofríe hasta que la carne esté crujiente.

Una vez esté hecha, añade el caldo de pollo en polvo y la salsa de soja,
salpimienta ligeramente y sofríe 1 minuto más.

Vierte el agua sobre la mezcla y hierve a fuego bajo durante 4-5 minutos
antes de añadir los brotes de soja. Pon los fideos directamente en el
caldo y deja que se cuezan según las instrucciones del fabricante.

Reparte la sopa en 2 boles y remata con el cebollino y las láminas de
rábano daikon.

RAMEN CON WON TON

2 raciones

Este favorito tradicional tiene sus orígenes en Cantón (China),
donde *won ton* significa «nube rebosante». En esta receta
prepararemos los dumplings en casa, pero, si prefieres una
receta más rápida, los puedes comprar congelados.

~~~~~~

4 cebolletas
2 cucharaditas de aceite de sésamo
100 g (3½ oz) de carne de cerdo picada
1 cucharadita de caldo de alga kombu
    en polvo
8 obleas para won ton
240 g (8½ oz/2 ovillos) de fideos chinos
    frescos
800 ml (28 fl oz/3½ tazas) de agua
1 cucharada de caldo de pollo en
    polvo o 1 pastilla de caldo de pollo
    concentrado
2 cucharaditas de salsa de soja japonesa
2 cucharaditas de mirin

CONDIMENTOS
Jengibre fresco rallado
Cebollino chino, picado
Aceite de sésamo

Corta la cebolleta en trozos pequeños. Calienta el aceite de sésamo en
una sartén y añade la cebolleta y la carne picada. Esparce el alga kombu
en polvo por encima. Sofríe durante 3-4 minutos o hasta que la carne
se haya hecho del todo. Retira la carne de la sartén y reserva. Deja que se
enfríe un poco.

Para rellenar un won ton, coloca una oblea sobre una superficie de trabajo
plana. Deposita 2 cucharaditas del relleno de carne picada y pliega la oblea
por la mitad de esquina a esquina, de modo que formes un triángulo. Da
toquecitos suaves alrededor del relleno, para eliminar las posibles bolsas
de aire, y presiona los bordes para sellar el won ton. Humedece los dos
vértices inferiores del triángulo con un poco de agua. Ahora, sujeta esos
dos vértices, júntalos y presiona para sellarlos bien. Así darás al won ton
forma de sombrerito. Repite el proceso con el resto de las obleas.

Mientras, cuece los fideos siguiendo las instrucciones del fabricante.
Escúrrelos y repártelos en 2 boles.

Vierte el agua, el caldo de pollo en polvo, la salsa de soja y el mirin en
un cazo. Lleva a ebullición suave, sin dejar de remover. Una vez empiece
a burbujear, añade con cuidado los dumplings y cuécelos durante
2 minutos. Vierte el caldo y los dumplings sobre los fideos y remata con
el jengibre, el cebollino y un chorrito de aceite de sésamo.

CHANPON

2 raciones

El chanpon es un plato regional muy popular. Es originario de
Nagasaki (Japón) y sus ingredientes asequibles y saciantes, así como su
extraordinario caldo, lo han convertido en una receta imprescindible.

~~~~~~

150 g (5¼ oz) de panceta de cerdo, en
lonchas finas

70 g (2½ oz) de *narutomaki* o de
kamaboko (pastel de pescado)

1½ cucharaditas de aceite de sésamo

200 g (7 oz/1½-2 tazas) de verduras
limpias y cortadas, como rodajas
de zanahoria, judías verdes, brócoli,
tirabeques, maíz baby; si no, verduras
para sofritos orientales ya cortadas

1 cucharada de sake

⅜ de cucharadita de sal de mesa

1½ cucharaditas de azúcar granulado

1 cucharadita de salsa de ostra

1½ cucharaditas de base para sopa
de pollo con fideos de cristal

400 ml (14 fl oz/1⅔ tazas) de agua

100 ml (3½ fl oz/½ taza escasa) de leche
entera

300 g (10½ oz/2 ovillos) de fideos ramen
frescos congelados

CONDIMENTO

1-2 cucharadas de maíz en conserva

Corta las lonchas de panceta en trozos del tamaño de un bocado.
Corta el *narutomaki* en láminas finas.

Calienta el aceite de sésamo en una sartén profunda, añade la panceta
y sofríe a fuego medio hasta que cambie de color. Añade las verduras
cortadas y sofríelas rápidamente durante unos 4-5 minutos, hasta que
se ablanden. Entonces, añade el sake, la sal, el azúcar, la salsa de ostra,
la base para sopa de pollo con fideos de cristal y el agua. Remueve bien
y lleva a ebullición.

Añade los fideos chinos, cuécelos durante 2 minutos y ve abriendo los
ovillos mientras se hacen. Luego, añade con cuidado las láminas de
narutomaki y la leche. Asegúrate de que el caldo se caliente del todo.

Reparte el chanpon en 2 boles hondos y esparce el maíz por encima.

~~~~~~

La base para sopa de pollo y fideos de cristal se vende en
polvo, como otros caldos deshidratados, por lo que se
disuelve con facilidad. La puedes sustituir por la sopa de
pollo en polvo, o en pastillas, lo que prefieras.

RAMEN AL CURRI DE COCO

2 raciones

Esta receta aprovecha el reconfortante y aromático sabor del coco.
La leche de coco, ligeramente suave, el fresco cilantro y el picante
jengibre componen un plato maravillosamente aromático.

1 cucharadita de aceite de sésamo
1 cucharada de *nam pla*
   (salsa de pescado)
2 cucharaditas de salsa de ostra
1 cucharada de curri en polvo
100 g (3½ oz) de carne de cerdo picada
1 cebolla blanca mediana, en rodajas
   finas
½ cucharadita de jengibre fresco rallado
½ cucharadita de ajo rallado
400 ml (14 fl oz/1⅔ tazas) de leche
   de coco
100 ml (3½ fl oz/½ taza escasa) de agua
300 g (10½ oz/2 ovillos) de fideos ramen
   frescos congelados

CONDIMENTOS

6 tomates cherry, cortados por la mitad
Jengibre fresco rallado
1 puñado de hojas de cilantro fresco,
   picadas
Furikake

Calienta el aceite de sésamo en una sartén, añade la salsa de pescado, la salsa de ostra y el curri en polvo, y sofríe a fuego medio durante 1 minuto. A continuación, añade la carne picada y prolonga la cocción hasta que haya cambiado de color.

Añade la cebolla, el jengibre y el ajo y sofríe durante 3-4 minutos más antes de verter la leche de coco y el agua. Lleva el curri a ebullición y, una vez haya roto a hervir, añade los fideos directamente. Cuécelos siguiendo las instrucciones del fabricante y ve abriendo los ovillos mientras se cuecen.

Reparte el curri de ramen en 2 boles y luego añade los tomates cherry, el jengibre rallado y el cilantro. Esparce el *furikake* por encima.

Aunque el coco no es un ingrediente que se use mucho en Japón, durante la era Meiji (1868-1912), se empezaron a adoptar más alimentos occidentalizados y platos como el katsu curri, que lleva leche de coco, se hicieron cada vez más populares. También encontrarás coco en el *dango*, un dumpling dulce japonés elaborado con harina para mochis.

RAMEN PICANTE COREANO

2 raciones

Los platos de fideos de inspiración coreana deben su intenso sabor al *gochujang*, una pasta de guindilla fermentada. Tradicionalmente, en Corea se considera a los fideos un alimento básico y asequible, mientras que el arroz era un ingrediente antaño reservado a los más prósperos. Corea es un hervidero de fideos orientales instantáneos, a los que ha hecho aún más populares.

~~~~~~

½ zanahoria grande

2 setas shiitake

½ cebolla blanca

250 g (8¾ oz/8 tazas) de espinacas

1 diente de ajo

1 cucharada de aceite de sésamo para freír, y 1 cucharadita más para el caldo

150 g (5¼ oz) de carne de cerdo picada

2 cucharadas de semillas de sésamo molidas

½ cucharadita de sal

240 g (8½ oz/2 ovillos) de fideos chinos frescos

600 ml (20 fl oz/3⅓ tazas) de agua

1½ cucharadas de *gochujang* (pasta de guindilla coreana)

2 cucharaditas de caldo de pollo en polvo

2 cucharadas de sake para cocinar

4 cucharaditas de salsa de soja

CONDIMENTOS

2 huevos medianos (grandes en EE. UU.), pasados por agua

½ guindilla roja fresca, en rodajitas finas

2 cdtas. de semillas de sésamo blancas

Corta en láminas finas la zanahoria, las setas shiitake, la cebolla y las espinacas. Pica el ajo muy fino.

Vierte el aceite de sésamo en una sartén y sofríe el ajo y la carne picada durante 4-5 minutos, o hasta que cambien de color. Añade las verduras por orden del tiempo de cocción que necesitan (primero la zanahoria y la cebolla, luego las setas y, para terminar, las espinacas) y sofríelas un total de 4-5 minutos o hasta que la zanahoria se haya pochado, pero aún esté al dente. Esparce por encima las semillas de sésamo molidas y la sal y sofríe durante 1 minuto más para liberar los aromas. Ahora, apaga el fuego y reserva.

Para el caldo, deposita en un cazo con el agua el *gochujang*, el caldo de pollo en polvo, el sake, la salsa de soja y 1 cucharadita de aceite de sésamo, remueve bien y lleva a ebullición rápidamente.

Cuece los fideos siguiendo las instrucciones del fabricante, repártelos en 2 boles, vierte el caldo por encima y termina con el sofrito de verduras. Añade medio huevo pasado por agua a cada bol y esparce por encima las rodajitas de guindilla y las semillas de sésamo blancas.

FIDEOS SUPERPICANTES

2 raciones

Si de verdad te gusta el picante, puedes estar seguro
de que esta receta satisfará tus anhelos. Adapta la
cantidad de guindilla a tus preferencias.

2 dientes de ajo
4-5 cebolletas
200 g (7 oz) de panceta de cerdo, en
    lonchas finas
Sal marina y pimienta negra molida
2 cucharadas de aceite de sésamo
1 bote de 200 g (7 oz) de tomate troceado
    en conserva
600 ml (20 fl oz/2½ tazas) de agua
2 cucharadas de caldo de pollo en polvo
1 cucharadita de *mentsuyu* (sopa china),
    a triple concentración
1 cucharada de salsa de ostra
1 cucharada de copos de guindilla
2 cucharaditas de azúcar granulado
300 g (10½ oz/2 ovillos) de fideos ramen
    frescos

CONDIMENTOS
Aceite picante (*p. 30*)
1 cucharada de semillas de sésamo
    blancas o negras

Pica el ajo fino y la cebolleta al bies. Salpimienta la panceta.

Calienta el aceite de sésamo en una sartén a fuego medio y añade el
ajo, la cebolleta y la panceta. Sofríe durante 5-7 minutos, o hasta que la
panceta se vuelva crujiente.

Añade el tomate en conserva troceado y sofríe durante 5 minutos más,
hasta que el líquido se haya evaporado completamente. A continuación,
añade el agua, el caldo de pollo en polvo, el *mentsuyu*, la salsa de
ostra, los copos de guindilla y el azúcar. Lleva la mezcla a ebullición,
removiendo con suavidad.

Una vez rompa a hervir, añade los fideos directamente a la cazuela y
cuécelos siguiendo las instrucciones del fabricante. Reparte el ramen
en 2 boles y remata con el aceite picante y la semillas de sésamo.

Togarashi es el nombre japonés de la guindilla, o chile,
que se usa para elaborar los copos. También es el
ingrediente que hace tan picante al *shichimi*.

RAMEN DE TAHINA

2 raciones

Esta receta cuenta con la untuosa cremosidad de la deliciosa tahina. Busca *neri goma*, o «sésamo amasado», una pasta de sésamo japonesa similar a la tahina de Oriente Medio.

1 diente de ajo
1 trozo de 3 cm (1¼ in) de jengibre fresco
1 cucharada de aceite vegetal
200 g (7 oz) de care de cerdo picada
Sal marina y pimienta negra molida
5 cucharadas de tahina
2 cucharadas de salsa de soja japonesa
600 ml (20 fl oz/2½ tazas) de agua
1 cucharada de pasta de miso blanco
1 cucharada de caldo de pollo en polvo
1 cucharadita de *tobanjan* (pasta de guindilla y habas)
240 g (8½ oz/2 ovillos) de fideos chinos frescos

CONDIMENTOS
1-2 cebollinos, en rodajas
Aceite picante (*p. 30*)

Ralla el ajo y pela y ralla el jengibre.

Calienta el aceite vegetal en una sartén a fuego medio-alto y añade el ajo y el jengibre. Remueve y, al cabo de unos 2 minutos, cuando empiecen a despedir aromas, añade la carne picada, salpimienta y sofríe durante 4-5 minutos más, hasta que la carne pierda el color rosado y se haya hecho del todo.

Añade la tahina, la salsa de soja, el agua, la pasta de miso, el caldo de pollo en polvo y el *tobanjan*. Lleva la sopa a una ebulición suave y remueve con cuidado.

Mientras, cuece los fideos siguiendo las instrucciones del fabricante. Escúrrelos y reparte en 2 boles.

Añade la sopa de carne caliente y esparce por encima la cebolleta. Remata con un chorrito de aceite picante.

La salsa de sésamo auténticamente japonesa, el *goma dare*, es algo distinta a su equivalente de Oriente Medio (tahina), porque en su elaboración se usan semillas tostadas, no crudas. También es algo más líquida y, por lo tanto, deliciosa como salsa para untar.

JAJA RAMEN

2 raciones

Este salado y suculento bol de ramen de inspiración chino-coreana puede ser una fantástica cena para dos. El nombre del plato es la abreviatura de *jajamen*, que significa «fideos fritos con salsa», y no es tan líquido como la mayoría de las recetas de ramen.

14 setas shiitake secas, rehidratadas
1 puerro grande, del que solo usarás 10 cm (4 in) del bulbo blanco
1 cucharada de aceite de sésamo, y ½ cucharadita adicional
1 cucharada de ajo, picado fino
1 cucharada de jengibre fresco, picado fino
150 g (5¼ oz) de carne de cerdo picada
1 cucharadita de *gochujang* (pasta de guindilla roja coreana)
600 ml (20 fl oz/2½ tazas) de agua
2 cucharaditas de caldo de pollo en polvo
2 cucharadas de sake para cocinar
4 cucharaditas de salsa de soja
Sal marina y pimienta negra molida (opcionales)
240 g (8½ oz/2 ovillos) de fideos chinos frescos

CONDIMENTO
Pepino, en juliana

Pica finamente las setas secas rehidratadas. Corta el puerro en rodajitas finas.

Calienta 1 cucharada de aceite de sésamo en una sartén a fuego bajo y sofríe el ajo y el jengibre durante 1-2 minutos o hasta que empiecen a despedir aromas. Añade las setas y el puerro y prolonga la cocción a fuego bajo 2 minutos más. Añade la carne picada y el *gochujang*, sube a fuego medio y remueve sin parar para garantizar una cocción uniforme.

Tras aproximadamente 4 minutos, o cuando la carne esté hecha, añade el agua, el caldo de pollo en polvo, el sake, la salsa de soja y ½ cucharadita de aceite de sésamo y llévalo todo a una ebullición suave. Remueve con cuidado a fuego bajo durante 1 minuto. Si es necesario, añade una pizca de sal y pimienta.

Cuece los fideos en otra olla de agua hirviendo, siguiendo las instrucciones del fabricante.

Escurre los fideos, añádeles unas gotas de aceite de sésamo, remueve y repártelos en 2 boles. Añade encima la carne picada con las setas y la salsa. Remata con el pepino.

RAMEN CARBONARA

2 raciones

Sorprende a tus amigos juntando ramen y este clásico italiano. Es una receta poco convencional, pero muy divertida, y las espinacas y la yema de huevo hacen que el bol rebose de vitalidad, color y textura.

4 lonchas de beicon
100 g (3½ oz/1 taza) de espinacas frescas
1 cucharadita de aceite de oliva
Sal y pimienta negra molida
200 ml (7 fl oz/1 taza escasa) de leche
800 ml (28 fl oz/3½ tazas) de agua
2 cucharaditas de caldo de pollo en polvo
2 cucharadas de sake para cocinar
4 cucharaditas de salsa de soja
½ cucharadita de aceite de sésamo
240 g (8½ oz/2 ovillos) de fideos chinos frescos

CONDIMENTOS
2 yemas de huevo crudas
40 g (1½ oz /⅓ taza) de queso cheddar rallado
Pimienta negra recién molida
1 cucharada de aceite de oliva

Corta el beicon en tiras de 1 cm (½ in). Corta el tallo de las hojas de espinacas y trocea las hojas al bies en pedazos del tamaño de un bocado.

Calienta el aceite de oliva en una sartén a fuego medio y sofríe ligeramente el beicon. Al cabo de unos 4-5 minutos, cuando se haya dorado, añade las espinacas y sofríelas hasta que estén tiernas. Salpimienta al gusto, retira del fuego y reserva.

Calienta en un cazo la leche, el agua, el caldo de pollo en polvo, el sake, la salsa de soja y las semillas de sésamo y lleva a ebullición a fuego bajo y removiendo con suavidad. Tras 3 minutos, añade los fideos directamente al cazo y llévalo todo a ebullición. Cuece los fideos siguiendo las instrucciones del fabricante.

Reparte los fideos con la salsa en 2 boles y deposita encima el beicon y las espinacas. Añade una yema cruda a cada bol y esparce el queso rallado por encima. Salpimienta y aliña con aceite de oliva.

Pp. siguientes: Jaja ramen (*izq.*) y Ramen carbonara (*dcha.*).

RAMEN SECO INVERNAL

2 raciones

«Ramen seco» es como se llama a los fideos para remojar, que se sirven sin la salsa y «secos» en un plato independiente. Esta reconfortante receta no es tan caldosa como otros boles de ramen, pero la salsa con la que untarás los fideos es una bomba de sabor.

6 lonchas de panceta de cerdo
1 cucharadita de sake para cocinar
½ cebolla blanca
1 berenjena entera
1 trozo de jengibre fresco de 2,5 cm (1 in)
1½ cucharaditas de aceite vegetal
1½ cucharaditas de aceite de sésamo
210 ml (7½ fl oz/1 taza escasa) de agua
70 ml (2½ fl oz/⅓ de taza escaso) de *mentsuyu* (caldo para sopa chino), a triple concentración
1 cucharadita de caldo de alga kombu en polvo
300 g (10½ oz/2 ovillos) de fideos ramen frescos congelados

CONDIMENTOS
2 cucharaditas de semillas de sésamo blancas
Shichimi togarashi o yuzu shichimi

Corta la panceta en trozos del tamaño de un bocado y riégalos con un poco de sake. Corta la cebolla en rodajas y la berenjena, en dados. Pela y ralla el jengibre.

Calienta el aceite vegetal y el de sésamo en una cazuela a fuego medio-alto. Sofríe la panceta durante 1 minuto y añade primero la cebolla y luego la berenjena. Sofríe durante 7-10 minutos, o hasta que las verduras se hayan ablandado.

Añade el agua, el *mentsuyu*, el jengibre y el alga kombu en polvo. Baja el fuego y hierve a fuego bajo durante 5 minutos.

Cuando la panceta esté hecha del todo y la berenjena y la cebolla se hayan pochado, reparte la mezcla en 2 boles. Esparce por encima un puñado de semillas de sésamo blancas y añade un chorrito de *shichimi togarashi* o de *yuzu shichimi*.

Ahora, cuece los fideos siguiendo las instrucciones del fabricante. Enjuágalos con agua fría, escúrrelos y repártelos en 2 platos.

Para comer, remoja los fideos escurridos en la sopa.

RAMEN FRÍO

2 raciones

El ramen frío es un plato estival perfecto. Prueba este
refrescante bol de fideos como alternativa a las ensaladas
convencionales.

½ cucharadita de sal
2 cucharaditas de salsa de soja japonesa
4 cucharaditas de caldo de pollo en polvo
800 ml (28 fl oz/3½ tazas) de agua
1 cucharadita de aceite de sésamo
240 g (8½ oz/2 ovillos) de fideos chinos
    frescos

CONDIMENTOS
4 lonchas de cerdo asado (comprado)
20 g (¾ oz/2 cucharadas) de brotes de
    bambú en conserva
4 tomates cherry, cortados por la mitad
2 Huevos marinados en soja (*p. 37*)
Cebollino chino, picado

Calienta la sal, la salsa de soja, el caldo de pollo en polvo, el agua y el
aceite de sésamo en un cazo a fuego medio, hasta que esté a punto de
hervir. Retira del fuego, espera a que se enfríe y, luego, refrigéralo durante
15-20 minutos.

Cuece los fideos en agua hirviendo siguiendo las instrucciones del
fabricante, escúrrelos y enjuágalos a conciencia en agua fría. Enfríalos
más sumergiéndolos en un bol de agua helada.

Reparte los fideos fríos en 2 boles y añade el caldo de dashi refrigerado.
Coloca encima las lonchas de cerdo, los brotes de bambú, los tomates
cherry, el huevo y el cebollino picado.

Tradicionalmente, los fideos fríos, en ocasiones
denominados *hiyashi-chuka*, se sirven con un potente
aliño a base de vinagre, salsa de soja y mostaza. A veces,
se añaden lonchas de jamón y rodajas de pepino y de
tomate, para dar más cuerpo al plato.

RAMEN TEMPLADO DE TERNERA

2 raciones

Uno de los principales atractivos del ramen consiste en que se trata de una comida completa en un solo bol. Esta receta es un ejemplo perfecto de ello, con su equilibrio de ternera melosa, verduras y fideos.

~~~~~~

5 g (¼ oz) de orejas de Judas secas
250 g (9 oz) de pata de ternera
Sal marina y pimienta negra molida
4 bulbos de pak choi (bok choy)
2 cucharadas de aceite de sésamo,
    y ½ cucharadita adicional
1 cucharada de harina de maíz
1 litro (35 fl oz/4¼ tazas) de agua
2 cucharaditas de caldo de pollo en polvo
2 cucharadas de sake para cocinar
4 cucharaditas de salsa de soja japonesa
460 g (16¼ oz) de fideos udon
    precocinados congelados

CONDIMENTO
Karashi takana (hojas de mostaza
    encurtidas)

Pon en remojo las orejas de Judas secas durante 20 minutos en el agua justa para cubrirlas. Cuando se hayan ablandado, estrújalas para escurrirlas, córtales los pies y trocea los sombreros. Corta la ternera en tiras de 5 cm (2 in) de ancho y frótalas con sal y pimienta.

Corta la base del pak choi y sepáralo en hojas y tallos.

Ahora, calienta 2 cucharadas del aceite de sésamo en un wok y, una vez caliente, añade la ternera. Sofríela a fuego alto durante 3-5 minutos, hasta que se dore, y entonces añade los tallos del pak choi y las setas. Sofríe rápidamente 2 minutos más y esparce la harina de maíz sobre los ingredientes. Remueve para impregnarlos de harina.

Añade el agua, el caldo de pollo en polvo, el sake, la salsa de soja y el resto de aceite de sésamo, sin dejar de remover para que el conjunto espese y forme una salsa. Lleva a ebullición y baja el fuego.

Cuece los fideos siguiendo las instrucciones del fabricante. Escúrrelos y repártelos en 2 boles. Vierte la sopa de ternera caliente por encima y remata con el *karashi takana*.

RAMEN DE TERNERA AL ESTILO PHO

2 raciones

Aunque la ternera no es muy habitual en los platos de ramen, sí que aparece con frecuencia en los pho vietnamitas. Este plato de fusión y de cocción lenta es ideal para una sesión de cocina relajada en fin de semana.

1 kg (2¼ lb) de tendones de ternera
50 ml (1¾ fl oz/¼ de taza escaso) de *mentsuyu* (caldo para sopa china)
1 litro (35 fl oz/4¼ tazas) de agua fría
300 ml (10 fl oz/1¼ tazas) de agua caliente
1 cucharadita de caldo de pollo en polvo
¼ de cucharadita de puré de jengibre
200 g (7 oz) de carne de ternera, o de bistec, cortada en tiras finas
240 g (8½ oz/2 ovillos) de fideos chinos frescos

CONDIMENTOS
Cebolleta, en rodajas
Cuñas de lima
Ramitas de albahaca tailandesa
Rodajitas de guindilla (opcional)

Comienza por el caldo. Deposita los tendones de ternera, el *mentsuyu* y el agua fría en una olla con tapa, lleva a ebullición y hierve a fuego bajo, sin tapar, durante 4 horas. También puedes usar la olla a presión, y reducir la cocción a 1 hora. Si el caldo se reduce demasiado, añade más agua.

Cuela el caldo con un colador de malla fina. Desecha los tendones (el caldo habrá absorbido toda la sustancia). Ahora, pasa unos 300 ml (10 fl oz/1¼ tazas) del caldo y el agua caliente a una olla a fuego medio-alto. Añade el caldo de pollo en polvo, el puré de jengibre y las tiras de ternera. Remueve. Lleva a ebullición y remueve de vez en cuando, hasta que la ternera se haya hecho.

Cuece los fideos siguiendo las instrucciones del fabricante. Reparte en 2 boles y vierte la sopa por encima. Remata con la cebolleta y la albahaca tailandesa y sirve con las cuñas de lima.

El tendón de ternera es muy rico en colágeno y se transforma en gelatina cuando se cuece a fuego lento durante varias horas, como en esta receta. De este modo, el caldo es más denso y gelatinoso, lo que da más consistencia al plato.

FIDEOS CON CARNE A LA TAIWANESA

2 raciones

Este plato, cuyos aromas equilibran la contundencia y la frescura, hunde sus raíces en China y se popularizó en Taiwán cuando los refugiados de la guerra civil china (1927-1949) intentaron satisfacer su añoranza de los fideos con ternera que cocinaban en los hogares que habían dejado atrás.

~~~~~~

5 cebolletas

1 cebolla blanca mediana

1 tomate grande

400 g (14 oz) de pata de ternera o de filete redondo

1 trozo de jengibre fresco de 2,5 cm (1 in), sin pelar

1 diente de ajo

1 cucharada de aceite vegetal

½-1 cucharada de *doubanjiang* (pasta de guindilla y habas)

500 ml (18 fl oz/2 tazas) de agua

2 cucharadas de salsa de soja japonesa

1 cucharada de sake para cocinar

La ralladura de 1 mandarina

1 cucharadita de granos de pimienta de Sichuan

1 bulbo de pak choi (bok choy), en cuartos longitudinales

240 g (8½ oz/2 ovillos) de fideos chinos frescos

CONDIMENTO

Ralladura de mandarina

Recorta las raíces de las cebolletas y ata el manojo con cordel de cocina. Corta por la mitad la cebolla roja y el tomate. Corta la carne de ternera en dados de 3 cm (1¼ in). Corta el jengibre y el ajo en láminas finas.

Calienta el aceite vegetal en una sartén a fuego medio-alto, añade los dados de ternera y márcalos durante 1-2 minutos. Añade el *doubanjiang* y sofríe hasta que todo quede bien integrado.

Cuando el sofrito empiece a despedir aromas, vuélcalo en una cazuela, añade el agua, la salsa de soja, el sake, la cebolla, el tomate y el manojo de cebolletas.

Haz una bolsita para especias con una tela de muselina e introduce en ella el jengibre, el ajo, la ralladura de mandarina y la pimienta de Sichuan en grano. Átala con cordel de cocina y añádela al caldo. Cuece a fuego medio hasta que el caldo empiece a hervir.

Una vez haya roto a hervir, baja a fuego bajo, tapa y hierve a fuego bajo durante 1½ horas o hasta que la ternera esté tierna. Retira y desecha la bolsita de especias, el manojo de cebolletas y la piel del tomate.

Hierve abundante agua en otra olla y cuece el pak choi y los fideos en la misma agua y siguiendo las instrucciones del fabricante de los fideos. Escúrrelo todo. Reparte los fideos y el bok choy en boles, añade el caldo de ternera a cucharadas y remata con la ralladura de mandarina.

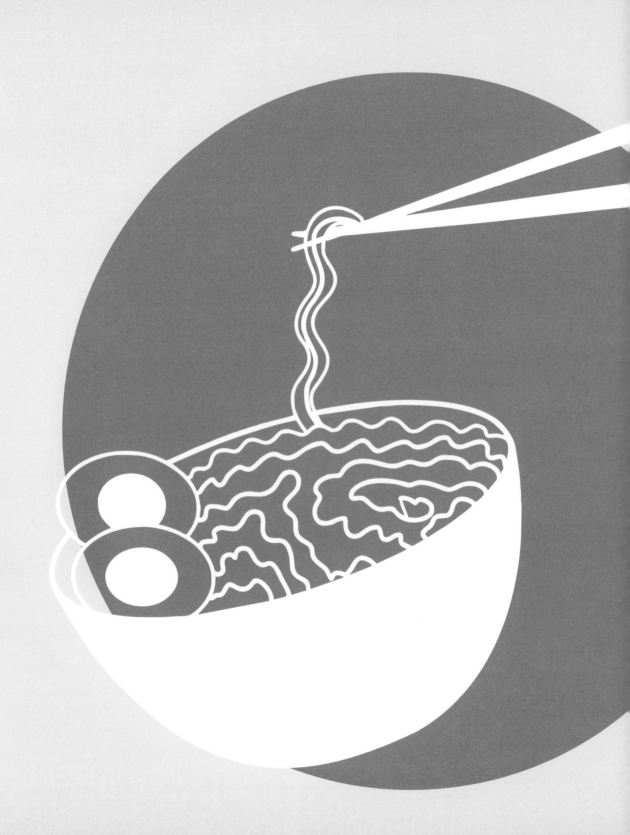

4
RAMEN DE PESCADO Y DE MARISCO

Japón, como muchos otros países asiáticos, es una isla y, por lo tanto, el pescado y el marisco son un elemento integral en las cocinas domésticas. No debería sorprendernos que, cuando se combinan con el intenso sabor de las algas y con la sal de la soja y de los sazonadores con alga kombu, los frutos de mar resulten tan extraordinarios en tantos boles de ramen. Este capítulo te inspirará a experimentar con nuevas combinaciones de sabor para crear platos tan deliciosos como bellos.

RAMEN DE CANGREJO

2 raciones

El cangrejo es toda una delicatessen en Japón. La pesca de los cangrejos de las nieves, que habitan en las profundidades del mar frente a la costa de Shimane, solo se autoriza cuatro meses al año, para protegerlos. En esta receta, puedes usar cualquier tipo de cangrejo, ya sea fresco o congelado.

100 g (3½ oz) de centollo de Alaska
3 trozos de caparazón roto de centollo de Alaska
3 cucharadas de sake para cocinar
800 ml (28 fl oz/3½ tazas) de agua
1 cucharada de caldo de alga kombu en polvo
100 g (3½ oz/1 taza) de brotes de soja
2 cebolletas
400 g (14 oz) de fideos udon precocinados congelados
1 cucharada de mantequilla
4 cucharadas de pasta de miso blanco

CONDIMENTOS
2 Huevos marinados en soja (*p. 37*)
6-8 rodajas de *narutomaki* (pastel de pescado)
Hojas de cilantro fresco

Si no estás acostumbrado a manipular cangrejo, pídele a tu pescadero que te lo prepare. Así, ya tendrás la carne desmenuzada y el caparazón listos para usarlos en el caldo. La carne de las grandes pinzas es la mejor. Para prepararlas, pártelas por la articulación, quita el caparazón de un lado con la ayuda de tijeras de cocina y extrae la carne con una cuchara para cangrejo.

Llena una taza de trozos de caparazón y vuélcalos, junto al sake, en un cazo a fuego medio-alto, añade el agua y el alga kombu en polvo y lleva a ebullición. Baja el fuego y hierve 30 minutos. Añade más agua si es necesario. Retira del fuego y enfría al menos 1 hora. Cuela y reserva.

Pon los brotes de soja en remojo en agua 3 minutos y escúrrelos. Corta las cebolletas en trozos pequeños. Hierve abundante agua en una olla y cuece los fideos siguiendo las instrucciones del fabricante. Mientras se hacen, funde la mantequilla en otra cazuela y sofríe rápidamente los brotes de soja y la cebolleta. Añade el caldo de cangrejo colado y la carne de cangrejo. Lleva a ebullición y retira del fuego.

Deposita el miso en un bol previamente calentado y disuélvelo en un poco de caldo. Viértelo en el caldo de cangrejo y remueve bien. Escurre los fideos, repártelos en 2 boles y vierte el caldo de cangrejo. Remata los boles con medio huevo, 3-4 rodajas de *narutomaki* y hojas de cilantro.

RAMEN DE CANGREJO Y HUEVO

2 raciones

Los platos japoneses incluyen el cangrejo de múltiples maneras: frito con arroz, en tempura, hervido, al vapor y, como aquí, en caldo. Este delicado bol de ramen es una manera deliciosa de disfrutar del sutil sabor dulce de este crustáceo.

2 huevos medianos (grandes en EE. UU.)
150 ml (5 fl oz/⅔ de taza) de agua
1 cucharada de salsa de soja japonesa
1 cucharada de azúcar
1½ cucharaditas de harina de maíz
1 cucharadita de salsa de ostra
½ cucharadita de caldo de pollo en polvo
300 g (10½ oz/2 ovillos) de fideos ramen frescos congelados

CONDIMENTOS
6 palitos de cangrejo (desmenuzados a mano)
1½ cucharaditas de aceite de sésamo
1 cucharadita de vinagre de arroz

Bate los huevos ligeramente en un bol. A continuación, agrega el agua, la salsa de soja, el azúcar, la harina de maíz, la salsa de ostra y el caldo de pollo en polvo en una sartén fría. Remueve bien y, luego, calienta a fuego medio-alto, sin dejar de remover, hasta que el líquido espese y rompa a hervir. Una vez haya espesado, añade poco a poco el huevo batido. Remueve con suavidad hasta que casi se haya cuajado y retira del fuego.

Cuece los fideos siguiendo las instrucciones del fabricante, escúrrelos y repártelos en 2 boles.

Dispón sobre los fideos la salsa con el huevo y esparce por encima los palitos de cangrejo desmenuzados. Remata con un chorrito de aceite de sésamo y unas gotas de vinagre de arroz.

Los palitos de cangrejo, que en Japón se llaman *kanikama*, se elaboran con pescado blanco pulverizado (*surimi*) al que se da forma para que se asemeje a patas de cangrejo. Se inventaron en Japón en la década de 1970 y se usan en ensaladas, sopas y sushi.

RAMEN DE VIEIRAS SALADAS

2 raciones

El *conpoy*, o vieira seca, es un ingrediente popular en la gastronomía cantonesa y se lo considera una delicatessen gourmet, aunque en Occidente no es demasiado conocido. Una vez hayas descubierto los deliciosos aromas a mar de este ingrediente seco y fácil de almacenar, no habrá vuelta atrás.

~~~~~~

10 *conpoy* (vieiras secas), con un peso total de unos 50 g (1¾ oz)
800 ml (28 fl oz/3½ tazas) de agua caliente
2 cucharaditas de caldo de pollo en polvo
2 cucharadas de sake para cocinar
4 cucharaditas de salsa de soja
½ cucharadita de aceite de sésamo
1 cucharadita de sal
240 g (8½ oz/2 ovillos) de fideos chinos frescos

CONDIMENTOS
1 huevo mediano (grande en EE. UU.), pasado por agua
1-2 cebolletas, cortadas en tiras finas

Deposita las vieiras secas en un bol grande y resistente al calor, cúbrelas con un poco de agua fría y déjalas en remojo 15 minutos. Tapa el bol con papel film y caliéntalo en el microondas durante 2 minutos a 800W.

En otro cazo, añade el agua caliente, el caldo de pollo en polvo, el sake, la salsa de soja, el aceite de sésamo y la sal. Lleva a ebullición y baja el fuego. Añade las vieiras rehidratadas y calienta a fuego medio. Rómpelas un poco con una cuchara y deja que hiervan a fuego bajo durante unos 5 minutos. Retira del fuego.

Cuece los fideos siguiendo las instrucciones del fabricante. Escúrrelos bien y sírvelos en 2 boles, vierte el caldo de vieira por encima y remata con las mitades de huevo pasado por agua y la cebolleta.

~~~~~~

El *conpoy* (vieira seca) se usa en salsas y caldos, a los que aporta un sabor característico (*véase también Shio Tare, p. 29*). El proceso de secado intensifica el sabor de la vieira y le da un sabor umami mucho más profundo y una textura flexible y elástica, en comparación con la sutil dulzura y la suavidad de la variedad fresca que conocemos en Occidente.

RAMEN DE GAMBAS

2 raciones

Las gambas, *ebi* en japonés, están deliciosas y son un claro favorito en la gastronomía japonesa. Hay muchísimas especies distintas y, aunque en esta receta se ha usado la gamba roja, puedes usar cualquier otra. Cuécelas con la cabeza e intensificarás el sabor a mar del plato.

2½ cucharaditas de pasta de curri rojo tailandés

1 cucharadita de chile ojo de pájaro en polvo

⅛ de cucharadita de pimienta negra molida

1 cucharadita de ajo en polvo

½ cucharadita de jengibre molido

½ cucharadita de cilantro molido

1 cucharadita de leche de coco en polvo

6 gambas rojas sin pelar, de unos 30 g (1 oz) cada una

1 cucharada de aceite de oliva

800 ml (28 fl oz/3½ tazas) de agua

1 pastilla de caldo de verduras concentrado

½ cucharadita de azúcar granulado

1 cucharadita de *nam pla* (salsa de pescado tailandesa)

1 cucharadita de pimienta con limón

300 g (10½ oz/2 ovillos) de fideos ramen frescos congelados

CONDIMENTOS

Hojas de cilantro fresco

Shichimi togarashi

Pon la pasta de curri rojo, el chile ojo de pájaro en polvo, la pimienta negra, el ajo en polvo, el jengibre molido, el cilantro molido y la leche de coco en polvo en un bol y remueve para mezclar bien todos los ingredientes.

Si lo deseas, prepara las gambas quitándoles la cabeza y pelándolas antes de cocinarlas y reserva la cabeza y la piel para hacer caldo. Desvénalas con un palillo. O, por el contrario, úsalas enteras, como he hecho yo.

Calienta el aceite de oliva en una sartén honda, añade las gambas y fríelas durante 5 minutos. Una vez estén hechas y despidan aromas, pásalas a un plato.

Añade el agua, la pastilla de caldo y la pasta de curri rojo condimentada a la sartén con el aceite de las gambas y remueve para disolverlo todo a fuego lento. Corrige el sabor a tu gusto con la salsa de pescado y la pimienta con limón. Devuelve las gambas a la sartén y lleva a ebullición.

Cuece los fideos siguiendo las instrucciones del fabricante y repártelos en 2 boles. Con cuidado, vierte por encima la sopa y añade las gambas. Remata con las hojas de cilantro y el *shichimi*.

RAMEN DE MISO Y LANGOSTINOS

2 raciones

Los suculentos langostinos, envueltos en los aromas a miso de este dashi, te harán la boca agua. La sutil nota a licor del sake es el complemento ideal para el delicado sabor del langostino y puede realzar cualquier plato de pescado.

8 langostinos tigre crudos, con la cabeza, de unos 35 g (1¼ oz) cada uno
30 g (1 oz/2 cucharadas) de mantequilla con sal
600 ml (20 fl oz/2½ tazas) de agua caliente
2 cucharadas de sake
2 cucharadas de pasta de miso blanco
2 cucharaditas de salsa de soja japonesa
2 cucharaditas de azúcar blanco granulado
½ cucharadita de caldo de pollo en polvo
240 g (8½ oz/2 ovillos) de fideos chinos frescos

CONDIMENTOS
2 cebolletas, a tiras
6-8 lonchas de *narutomaki* (pastel de pescado)
Germinados de rábano (kaiware), berros o microverdes

Pela los langostinos y quítales la cabeza. Desvénalos y reserva cabezas y piel para hacer caldo.

Calienta la mantequilla con sal en una cazuela a fuego medio, añade los langostinos y cuécelos hasta que pasen de color gris a rosado. Entonces, añade el agua caliente y hierve a fuego bajo durante unos 2 minutos. Saca los langostinos y resérvalos. Cuela el líquido y caliéntalo a fuego medio. Lleva a ebullición, añade el sake, el miso, la salsa de soja y el caldo de pollo en polvo y, finalmente, los langostinos fritos. Retira la cazuela del fuego cuando el caldo se haya reducido aproximadamente a la mitad.

Mientras, cuece los fideos siguiendo las instrucciones del fabricante. Escúrrelos y repártelos en 2 boles. Con una cuchara, vierte el caldo de langostino por encima. Remata con la cebolleta, el *narutomaki* y los germinados de rábano.

Las gambas grandes, como los langostinos de esta receta, habitan en las aguas cálidas de Asia, América Latina y la costa del golfo de Estados Unidos.

RAMEN CON TATAKI DE ATÚN

2 raciones

Japón es un país compuesto por varias islas y eso explica
la importancia que tiene el pescado en su gastronomía.
El atún es el más apreciado de todos los pescados.
El *tataki* consiste en sellar el exterior del atún
y dejar el interior de un color rosa intenso.

2 cucharadas de aceite de cacahuete
    o de pepitas de uva
150 g (5½ oz) de atún apto para sashimi
    (idealmente, cortado en un bloque
    rectangular)
1 diente de ajo
1 zanahoria mediana
1 cebolla blanca
1 cucharada de puré de jengibre
800 ml (28 fl oz/3⅓ tazas) de agua
2 cucharadas de salsa de soja
1 cucharada de caldo de pollo en polvo
1 cucharadita de salsa de ostra
1 pizca de sal marina
1 pizca de pimienta negra
240 g (8½ oz/2 ovillos) de fideos chinos
    frescos

CONDIMENTOS
Semillas de sésamo tostadas
Hojas de cilantro fresco
Cebolleta, en rodajas (opcional)

Calienta una sartén antiadherente a fuego medio-alto y añade el aceite
de cacahuete o de semillas de uva. Cuando esté caliente, sella el bloque
de atún 30 segundos por cada lado. Reserva el atún, todavía en la sartén
caliente, 5 minutos. Luego, pásalo a un plato y refrigéralo un mínimo de
20 minutos (así te será mucho más fácil filetearlo para emplatar).

Transfiere a una cazuela grande el aceite sobrante de la sartén donde has
hecho el atún.

Pica el ajo muy fino, corta la zanahoria en juliana y la cebolla, en rodajas
muy finas. Pasa los tres ingredientes y el puré de jengibre a la cazuela y
sofríe durante 5 minutos.

Ahora, añade a la cazuela el agua, la salsa de soja, el caldo de pollo en
polvo, la salsa de ostra y la sal y pimienta. Cuece y remueve durante
otros 5-7 minutos, hasta que la zanahoria se ablande.

Cuece los fideos siguiendo las instrucciones del fabricante. Escúrrelos y
repártelos en 2 boles. Vierte el caldo de verduras por encima.

Saca el atún del frigorífico y córtalo en lonchas de 5 mm con un cuchillo
afilado. Dispón el atún sobre los fideos y esparce por encima las semillas
de sésamo, el cilantro y, si quieres, la cebolleta picada.

CHIGE RAMEN

2 raciones

En Japón, el chige se suele preparar en invierno, como su equivalente coreano, el *jjigae*, y es un guiso que se sirve muy caliente en una fuente común. Es tan reconfortante como un estofado, pero sin la prolongada espera. Los ingredientes asiáticos clásicos que necesitarás (almejas en conserva y *gochujang*) son fáciles de encontrar en supermercados y merece la pena que los busques, porque añaden sabores auténticos al plato.

4 cebolletas
160 g (5½ oz) de tofu firme
Harina de maíz, para espolvorear
500 ml (18 fl oz/2 tazas) de aceite vegetal
2 cucharaditas de aceite de sésamo
1 cucharadita de ajo rallado
½ cucharadita de jengibre fresco rallado
1 cucharadita de copos de guindilla
1 cucharadita de *gochujang* (pasta de guindilla roja coreana)
1 bote de 110 g (4 oz) de almejas baby
800 ml (28 fl oz/3½ tazas) de agua
2 cucharaditas de caldo de pollo en polvo
240 g (8½ oz/2 ovillos) de fideos chinos frescos
120 g (4 oz) de lonchas de cerdo asado (comprado)

CONDIMENTOS
1 cucharada de semillas de sésamo
Cebollino chino, cortado
Copos de guindilla seca y guindilla fresca en rodajas

Corta la cebolleta en trozos de 2 cm (¾ in) y el tofu en dados del tamaño de un bocado. Pon el tofu entre dos papeles de cocina secos y presiona para eliminar el líquido. Repite. Reboza el tofu en la harina de maíz. Calienta el aceite a unos 170 °C (340 °F) o hasta que, si le tiras un poco de harina de maíz, chisporrotee. Fríe los dados de tofu 2-3 minutos, o hasta que se doren. Escúrrelos sobre una rejilla metálica o papel de cocina.

En un bol, mezcla el aceite de sésamo, el ajo, el jengibre, los copos de guindilla, el *gochujang* y las almejas (con su jugo).

Hierve el agua, añade el caldo de pollo en polvo y los fideos y espera a que hierva. Al cabo de 1 minuto, añade las lonchas de cerdo asado, la cebolleta y las almejas aliñadas. Mantén el hervor 2 minutos más. Reparte en 2 boles. Añade el tofu, las semillas de sésamo, la cebolleta y la guindilla.

En los mercados asiáticos, encontrarás tofu frito ya preparado. Puedes recalentar los dados precocinados en el caldo o sofreírlos unos minutos antes de servir.

RAMEN DE MARISCO

2 raciones

Los caldos de pescado auténticamente japoneses suelen incluir pargo dorado y marisco, como las almejas, pero cualquier combinación de pescado y marisco, como salmón, pescado blanco y crustáceos, funcionará muy bien. Puedes preparar este sabroso plato con aroma a sake cómo y cuándo quieras. Es perfecto para una cena rápida a media semana.

400 g (14 oz) de pescado y marisco congelado variado, como mejillones, sepia y gambas
2 cucharadas de sake o de vino blanco
1 cebolla blanca mediana
2 cucharadas de aceite vegetal
2 cucharadas de jengibre fresco rallado
2 cucharadas de ajo rallado
1 litro (35 fl oz/4¼ tazas) de agua
1 cucharadita de salsa de soja japonesa
2 cucharaditas de caldo de bonito en polvo
2 cucharaditas de caldo de verduras en polvo, o 1 pastilla de caldo de verduras
400 g (14 oz) de fideos udon congelados precocinados o 240 g (8½ oz/2 ovillos) de fideos chinos frescos

CONDIMENTOS
6-8 rodajas de *kamaboko* (pastel de pescado)
2 Huevos con especias (*p. 37*)
1 pizca de pimienta negra
Cebolletas, en rodajas
1 cucharada de *tobiko* (huevas de pescado)

Descongela el marisco y ponlo en remojo en el sake durante 30 minutos.

Corta la cebolla en cuñas y fríela con el aceite vegetal en una cazuela. Cuando se haya pochado, añade el jengibre y el ajo. Escurre el marisco y añádelo a la cazuela. Reserva el líquido. Sofríe el marisco durante 3-4 minutos más.

Ahora, añade el agua, la salsa de soja, el caldo de bonito en polvo, el caldo de verduras en polvo y el sake del remojo del marisco. Hierve a fuego bajo hasta que todo empiece a despedir aromas y se haya calentado por completo.

Cuece los fideos siguiendo las instrucciones del fabricante. Una vez cocidos, escúrrelos y repártelos en 2 boles.

Con una cuchara, sirve la sopa de marisco sobre los fideos. Dispón el *kamaboko* y las mitades de huevo duro encima, añade la pimienta y esparce rodajas de cebolleta. Sirve con las huevas de pescado.

Pp. siguientes: Chige ramen (*izq.*) y Ramen de marisco (*dcha.*).

RAMEN DE PESCADO Y JENGIBRE

2 raciones

El besugo, o *tai*, es un pescado tradicional en la gastronomía japonesa
y se usa en las celebraciones, para llamar a la buena suerte. Debe su
estatus especial a su intenso color rojo y a la elegancia de su forma.
Aquí, un caldo elaborado con alga kombu seca y copos de bonito
finos como el papel realzan los delicados sabores marinos.

1 besugo o lubina enteros, con las
espinas pero sin la cabeza,
de 700 g (1½ lb)
1 cucharadita de sal, para salar la
superficie del pescado,
y 1¼ cucharaditas adicionales
para condimentar
1 litro (35 fl oz/4¼ tazas) de agua
8 g (¼ oz) de alga kombu seca
5 g (¼ oz/⅓ de taza) de copos de bonito
(*katsuobushi*)
Sal marina
1 cucharadita de sake para cocinar
240 g (8½ oz/2 ovillos) de fideos chinos
frescos

CONDIMENTOS
1 cebolleta, en rodajas
6-8 rodajas de jengibre fresco
Jengibre encurtido (opcional)

Espolvorea el besugo con 1 cucharadita de sal y refrigéralo durante
30 minutos.

Sumerge el pescado entero en agua caliente (a unos 90 °C/195 °F) en un
bol poco profundo durante 7-10 minutos, sácalo del agua y frótalo para
eliminar la viscosidad.

Llena un cazo con el agua, añade el alga kombu seca y el pescado y cuece
a fuego bajo durante unos 10 minutos. Lleva a ebullición, retira el alga y
espuma la superficie. Baja a fuego bajo y prolonga la cocción durante
10 minutos más. Añade los copos de bonito y devuelve a ebullición.

Cuando empiece a hervir, retira los copos de bonito, que estarán
flotando en la superficie. Apaga el fuego y condimenta el líquido con las
1¼ cucharaditas de sal adicionales y el sake. Deja reposar 5 minutos,
saca el pescado y, con un tenedor, separa cuidadosamente la carne de
las espinas. Cuela el líquido para obtener el caldo.

Mientras, cuece los fideos en otro cazo siguiendo las instrucciones del
fabricante. Cuando estén hechos, escúrrelos y repártelos en 2 boles.
Vierte el caldo por encima y luego el pescado desmenuzado. Remata
con la cebolleta, las finas láminas de jengibre y, si lo deseas, el jengibre
encurtido.

RAMEN DE SALMÓN Y PAK CHOI

2 raciones

El sabor fantásticamente fresco y suave del salmón infusionado en sake, del jengibre y del pak choi hacen de este ramen un plato refinado y delicado. En Occidente, asociamos el salmón al sushi japonés, pero no siempre fue así. En Japón siempre se había consumido cocinado hasta 1995, cuando la industria pesquera noruega empezó a promoverlo como ingrediente crudo para el sushi entre la industria de la alimentación japonesa.

2 filetes de salmón sin piel, de 260 g (9 oz)
1 cucharada de sake para cocinar
1 pizca de sal, y 1 cucharadita adicional
2 bulbos de pak hoy (bok choy)
4 cebolletas
1 trozo de jengibre fresco de 5 cm (2 in)
2 cucharadas de aceite de sésamo
350 ml (12 fl oz/ 1½ tazas) de agua
2 cucharaditas de caldo de pollo en polvo o 1 pastilla de caldo de pollo concentrado
500 ml (18 fl oz/2 tazas) de bebida de soja
240 g (8½ oz/2 ovillos) de fideos chinos frescos

CONDIMENTOS
Semillas de sésamo blancas
Germinados de rábano (kaiware), berros o microverdes
Jengibre fresco rallado

Corta los filetes de salmón en 4-5 trozos cada uno, espolvoréalos con 1 pizca de sal y riégalos con 1 cucharada de sake. Frótalos suavemente con las manos y déjalos reposar durante unos 10 minutos. Luego, seca el pescado con papel de cocina.

Separa el pak choi en troncos y hojas y corta longitudinalmente los troncos en 6 partes iguales. Corta las cebolletas al bies en tiras de 1 cm (½ in). Pela el jengibre y córtalo en láminas finas.

Calienta el aceite de sésamo en una sartén a fuego medio, añade el jengibre, el salmón, el pak choi y la cebolleta en este orden y sofríe durante 5-7 minutos, hasta que el salmón se haya hecho de manera uniforme. Añade el agua, el caldo de pollo en polvo y 1 cucharadita de sal. Lleva a ebullición y añade la bebida de soja, removiendo con rapidez. Baja el fuego y hierve a fuego bajo.

Mientras, cuece los fideos siguiendo las instrucciones del fabricante. Escúrrelos y repártelos en 2 boles.

Vierte el caldo de salmón y pak choi sobre los fideos. Remata con las semillas de sésamo blancas, los germinados de rábano y el jengibre rallado.

RAMEN DE CALAMAR Y KALE

2 raciones

El calamar, o *surume ika*, es uno de los mariscos más populares en Japón. En esta receta, se ablanda en un baño de leche y se cuece a fuego lento, lo que garantiza que quede tierno para un bol de ramen perfecto.

500 g (18 oz) de calamar (limpio)
400 ml (14 fl oz/1⅔ tazas) de leche entera
1 cebolla blanca
1 diente de ajo
1 trozo de jengibre fresco de 5 cm (2 in)
150 g (5½ oz) de kale rizada
2 chiles ojo de pájaro frescos
2 cucharadas de aceite de sésamo
800 ml (28 fl oz/3½ tazas) de agua
2 cucharadas de aceite de sésamo
2 cucharaditas de caldo de pollo en polvo
2 cucharaditas de caldo de bonito en polvo
240 g (8½ oz/2 ovillos) de fideos chinos frescos

CONDIMENTOS

1 cucharadita de copos de bonito (*katsuobushi*)
Cebolletas, en rodajas
Chiles ojo de pájaro, en rodajas

Asegúrate de que el calamar esté muy limpio enjuagándolo a conciencia bajo el grifo de agua fría y, luego, córtalo en anillos de 1 cm de grosor. Corta los tentáculos por la mitad, si son demasiado largos.

Vierte la leche en un bol y pon el calamar en remojo durante un mínimo de 30 minutos. Así te asegurarás de que el calamar quede bien tierno una vez cocido. Saca el calamar de la leche y sécalo con papel de cocina.

Corta la cebolla blanca, el ajo y el jengibre en láminas finas. Corta la kale en trozos del tamaño de un bocado. Retira las semillas de los chiles y lamínalos al bies.

Calienta 1 cucharada de aceite de sésamo en una sartén honda de fondo grueso a fuego medio y añade la cebolla. Remueve con una cuchara de madera 3-4 minutos o hasta que la cebolla esté translúcida. Añade el ajo, el jengibre y el chile laminados y remueve casi 1 minuto más.

Vierte el agua en la sartén y añade el resto del aceite de sésamo. Añade los caldos de pollo y de bonito en polvo. Hierve a fuego bajo 5 minutos. Añade la kale y los anillos de calamar. Hierve a fuego bajo 5-7 minutos.

Mientras, cuece los fideos siguiendo las instrucciones del fabricante. Escúrrelos y repártelos en 2 boles. Vierte la sopa de calamar y de kale sobre los fideos y remata con los copos de bonito, la cebolleta y el chile. (Los copos de bonito se moverán, temblarán y «bailarán» al contacto con el calor.)

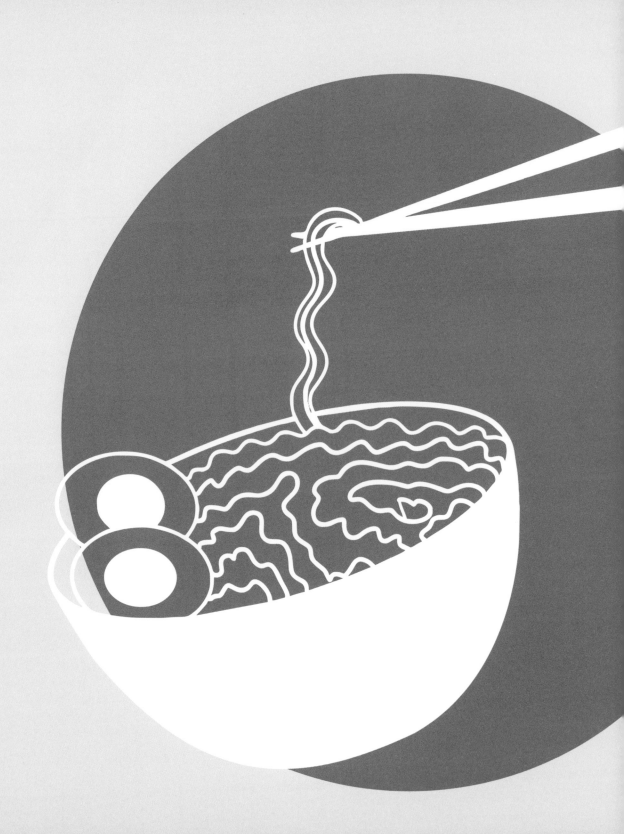

5
RAMEN VEGANO Y VEGETARIANO

Asia cuenta con una larga tradición de cocina
vegetariana y vegana y hay muchas maneras de
disfrutarla en boles de ramen, desde el refrescante
y ligero crujido del pak choi (bok choy) o la salada
profundidad del umami que aportan las algas nori y
kombu, hasta la extraordinaria belleza y terrosidad
de las setas shimeji y shiitake. Las recetas de este
capítulo te ayudarán a demostrar tu amor por la
comida sin carne y a disfrutar de ella.

RAMEN DEL HUERTO

2 raciones

Este plato vegano explota el color y la textura de las verduras del huerto y del mar con la profundidad umami añadida de las algas, el miso y la soja. La cebolla crujiente seca es un ingrediente magnífico que tener siempre en la despensa y con el que añadir un último toque crujiente y potente.

2 dientes de ajo
½ cebolla blanca
1 zanahoria mediana
4 brotes de bimi
2 cucharadas de aceite de sésamo
2 charadas de semillas de sésamo molidas
1 litro (35 fl oz/4¼ tazas) de agua
1 lámina de 10 cm (4 in) de alga kombu
4 setas shiitake secas enteras, rehidratadas en agua templada durante 20 minutos
240 g (8½ oz/2 ovillos) de fideos chinos frescos
235 ml (8 fl oz/1 taza) de bebida de soja
2 cucharadas de pasta de miso blanco
4 cucharaditas de salsa de soja japonesa

CONDIMENTOS

1 puñado de brotes de soja, lavados
2 cebolletas, en rodajas finas
6 brotes de bambú
½ cucharadita de pimienta blanca
2 cucharadas de cebolla crujiente seca
1 cucharadita de Aceite picante (p. 30)

Ralla el ajo. Corta la cebolla en rodajas finas y la zanahoria, en juliana, y recorta ligeramente el bimi, para que los tallos quepan enteros en los boles.

Calienta el aceite de sésamo en una sartén y añade el ajo, la cebolla, la zanahoria y el bimi. Póchalos a fuego bajo durante 10-15 minutos, hasta que se ablanden. Esparce las semillas de sésamo molidas sobre la verdura y sofríe durante 3 minutos más.

Vierte el agua en un cazo, añade la lámina de alga kombu entera y las setas shiitake secas y hierve a fuego bajo durante 10 minutos.

Mientras, cuece los fideos siguiendo las instrucciones del fabricante. Escúrrelos y sírvelos en 2 boles.

Añade al caldo la bebida de soja, el miso y la salsa de soja y espera a que vuelva a hervir. Apaga el fuego.

Vierte la sopa sobre los fideos y deposita encima los brotes de soja, la cebolleta y los brotes de bambú. Remata con la pimienta blanca, un montoncito de cebolla crujiente seca y unas gotas de aceite picante.

RAMEN DE TOFU SEDOSO

2 raciones

Aunque el arte de la elaboración del tofu apareció en Japón durante el periodo Nara (710-794), el tofu dorado es muy posterior, de la década de 1950. La salsa fría de este ramen tiene un maravilloso sabor a frutos secos y, además de ser suculenta y nutritiva, crea una sopa sedosa con la que cubrir el bol de fideos.

1 bloque de 340 g (12 oz) de tofu sedoso
100 ml (3½ fl oz/½ taza escasa) de leche entera
1 cucharadita de tahina o de pasta de sésamo japonesa (*neri goma*)
1 cucharadita de manteca de cacahuete sin grumos
1 cucharadita de azúcar
1 pizca de sal
240 g (8½ oz/2 ovillos) de fideos chinos frescos

CONDIMENTOS
1 huevo duro mediano
1 pepino, en juliana
2 cucharaditas de semillas de sésamo tostadas
Aceite de sésamo

Deposita el tofu, la leche, la pasta de sésamo, la manteca de cacahuete, el azúcar, la sal y 2 cubitos de hielo en el vaso de un robot de cocina. Tritura hasta que obtengas una consistencia homogénea. La receta necesita que sea algo espesa, pero si prefieres una base de sopa más líquida, puedes añadir más leche.

Cuece los fideos siguiendo las instrucciones del fabricante. Escúrrelos y enjuágalos bajo el grifo de agua fría.

Sirve los fideos en 2 boles y añade la salsa de tofu. Remata los boles con medio huevo duro, tiras de pepino, semillas de sésamo y un chorrito de aceite de sésamo.

Los bloques de tofu se elaboran de un modo similar al queso, aunque no son un lácteo porque se hacen a partir de soja cuajada. Es un ingrediente fundamental en la gastronomía japonesa y especialmente importante en la cocina de los templos budistas de japón (conocida como *shojin ryori*), donde el concepto de no violencia lleva a desaprobar el uso de animales como comida.

FIDEOS TAN TAN FRÍOS

2 raciones

Esta versión vegana de los fideos *tan tan* ofrece muchísimo sabor a cambio de poquísimo esfuerzo y se basa en los picantes fideos *dan dan* de Sichuan, pero sin ingredientes derivados de la carne. Los cremosos fideos se sirven fríos y coronados con setas picantes.

1 cucharada de aceite vegetal
1 cucharadita de jengibre fresco rallado
1 diente de ajo, picado fino
300 g (10½ oz) de setas blancas, como las shimeji, lavadas y con los pies recortados
1 cucharada de *doubanjiang* (pasta de guindilla y habas)
1 cucharada de salsa de soja
1 cucharada de sake para cocinar
140 g (8½ oz) de fideos coreanos finos secos
2 cucharadas de pasta de miso blanco
600 ml (20 fl oz/2½ tazas) de bebida de soja
2 cucharaditas de caldo vegetariano en polvo
1 cucharada de semillas de sésamo en polvo
2 cucharadas de miso blanco en polvo

CONDIMENTO
1 cucharadita de Aceite picante (*p. 30*)

Calienta el aceite en una sartén a fuego alto y añade el jengibre, el ajo y las setas. Sofríe 2-3 minutos y añade el *doubanjiang*, la salsa de soja y el sake. Reduce a fuego bajo y cuece hasta evaporar el líquido. Reserva.

Hierve los fideos durante 3 minutos, escúrrelos y enjuágalos bajo el grifo de agua fría. Deposita la pasta de miso, la bebida de soja, el caldo en polvo y las semillas de sésamo en un bol y remueve bien con un tenedor. Sirve los fideos en 2 boles y vierte encima la salsa de miso y bebida de soja. Añade el miso en polvo y remueve con suavidad. Remata con el sofrito de setas y un chorrito de aceite picante.

El *dan dan*, la versión original del *tan tan* japonés, es más seco y se asemeja a la salsa reducida y a los pastelitos de arroz elaborados a cocción lenta y vendidos en bolsas en los puestos de comida coreana. Tradicionalmente, los vendedores callejeros vendían cestos de fideos y *dan dan* con carne especiada con pimienta de Sichuan, ramas de canela y anís estrellado.

RAMEN
RECONSTITUYENTE

2 raciones

Este bol vegano de fideos es una alternativa fantástica y repleta
de nutrientes al caldo de pollo de la abuela, el remedio casero por
excelencia contra los resfriados y la gripe. Lleva jengibre, que ha
demostrado su eficacia contra los síntomas del resfriado.

4 hojas de col china
1 zanahoria grande
1 tallo de apio grande
1 cebolla blanca pequeña
1 cucharadita de aceite de sésamo para
    freír, y ½ cucharadita adicional
Sal marina y pimienta negra molida
1 litro (35 fl oz/4¼ tazas) de agua
2 cucharaditas de caldo vegano en polvo
2 cucharadas de sake para cocinar
4 cucharaditas de salsa de soja
70 g (2½ oz/2½ tazas) de espinacas
    frescas
300 g (10½ oz/2 ovillos) de fideos ramen
    frescos congelados

CONDIMENTOS
Jengibre fresco rallado
Cebolleta, en rodajas (opcional)

Corta las hojas de col china, la zanahoria, el apio y la cebolla en trozos de
1 cm (½ in) de ancho.

Calienta 1 cucharadita de aceite de sésamo en una sartén honda o en un
wok y fríe la verdura durante 3-4 minutos o hasta que se haya ablandado
un poco, pero aún esté al dente. Salpimiéntala durante la cocción.

Cuando la verdura se haya ablandado, vierte el agua y añade el caldo
vegano en polvo, el sake, la salsa de soja y la ½ cucharadita adicional de
aceite de sésamo. Remueve bien. Lleva a ebullición, añade los fideos y las
espinacas y prolonga la cocción durante 3 minutos.

Sirve los fideos y la sopa en 2 boles, remata con el jengibre y, si lo deseas,
las rodajas de cebolleta, y a disfrutar.

El caldo de verduras es rico en nutrientes, como
vitaminas y minerales, y aumenta la ingesta de líquidos.
También es una manera fantástica de usar los restos de
verduras que tengas.

RAMEN LIGERO

2 raciones

Esta receta ofrece una textura y un crujiente fantásticos gracias a las
setas shimeji y los brotes de soja, que contrastan con la cremosidad
del huevo y la suavidad de los fideos. Te saciará y satisfará tu apetito
y tu paladar sin necesidad de añadir grasas procesadas.

75 g (2½ oz) de setas shimeji
300 g (10½ oz/3 tazas) de brotes de soja
2 huevos medianos (grandes en EE. UU.)
1 cucharada de aceite de sésamo
800 ml (28 fl oz/3½ tazas) de agua
2 cucharaditas de caldo de verduras en polvo
2 cucharadas de sake para cocinar
4 cucharaditas de salsa de soja
½ cucharadita de aceite de sésamo
240 g (8½ oz/2 ovillos) de fideos chinos frescos

CONDIMENTO
1-2 cebolletas, en rodajas

Enjuaga las setas shimeji, recórtales el pie y córtalas en trocitos. Enjuaga los brotes de soja. Casca los huevos en un bol y bátelos ligeramente.

Calienta 1 cucharada de aceite de sésamo en una sartén a fuego medio. Cuando se haya calentado, añade los brotes de soja y las setas shimeji y sofríe durante 1 minuto. Añade una pizca de sal y el huevo batido y remueve bien. Apaga el fuego en cuanto el huevo haya cuajado.

Mientras, vierte al agua, el caldo de verduras en polvo, el sake, la salsa de soja y el aceite de sésamo en una cazuela y lleva a ebullición. Hierve a fuego bajo durante 2 minutos y añade directamente los fideos. Cuécelos siguiendo las instrucciones del fabricante y escúrrelos.

Luego, sirve los fideos y la sopa en 2 boles. Deposita encima el sabroso sofrito y remata con las rodajas de cebolleta.

Las setas shimeji tienen sombreros redondos y pequeños y pies largos y finos. Tienen sabor a frutos secos y una textura crujiente y, con su forma delicada, añaden un toque de belleza al plato acabado.

RAMEN DE BERENJENA Y MISO

2 raciones

Tres de las variedades de berenjena más populares en la gastronomía asiática son la berenjena morada, la shoya long y la Orient Express, una variedad fina de un morado tan oscuro que es casi negro. Elijas la variedad que elijas, este plato celebra el característico sabor suave y ahumado de esta verdura.

1 berenjena entera, de entre 300-400 g (10½-14 oz)
4 cucharaditas de harina de maíz
3 cucharadas de aceite vegetal
300 g (10½ oz/2 ovillos) de fideos ramen frescos congelados

SALSA DE SOJA Y AJO
50 ml (1¾ oz/¼ escaso de taza) de agua
1 cucharada de azúcar granulado
2 cucharadas de salsa de soja japonesa
1 cucharada de mirin
½ cucharadita de puré de ajo

CONDIMENTO
cebollino chino, cortado en tiras de 4 cm (1 ½ in)

Corta la berenjena en trozos del tamaño de un bocado y ponlos en remojo en agua fría unos 5 minutos. Prepara la salsa en otro bol. Mezcla el agua, el azúcar, la salsa de soja, el mirin y el puré de ajo. Reserva.

Escurre la berenjena y deposítala en una bolsa sellable con la harina de maíz. Cierra la bolsa y agítala bien, para rebozar la berenjena.

Calienta el aceite vegetal en una sartén, añade la berenjena y fríela durante 3-4 minutos, o hasta que se haya dorado. Escúrrela sobre un papel de cocina y dale toquecitos con otro, para eliminar el exceso de aceite.

Cuece los fideos siguiendo las instrucciones del fabricante. Escúrrelos y sírvelos en 2 boles. Vierte la salsa por encima y remata con la berenjena y el cebollino.

Las berenjenas japonesas tienden a tener una piel más fina que las occidentales. Absorben muy bien los sabores, sobre todo en platos como el delicioso *nasu dengaku*, donde se glasean con miso y sésamo.

RAMEN DE MISO Y CALABAZA

2 raciones

Los aromas a calabaza especiada hacen de este plato una opción perfecta para los días de otoño. Es el plato reconfortante definitivo, gracias a la calidez del jengibre y la suculencia del miso.

800 g (28 oz) de calabaza
1 trozo de jengibre fresco de 5 cm (2 in)
500 ml (18 fl oz/2 tazas) de agua
300 g (10½ oz/2 ovillos) de fideos ramen frescos congelados
1½ cucharadas de pasta de miso blanco
1½ cucharadas de caldo de alga kombu en polvo

CONDIMENTOS
1-2 cebolletas, en rodajas
1-2 cucharaditas de semillas de sésamo tostadas
Furikake

Pela y limpia de semillas la calabaza y corta la pulpa en dados de 2,5 cm (1 in). Corta el jengibre en láminas finas. Lleva el agua a ebullición en un cazo, añade las láminas de jengibre y hiérvelas a fuego bajo 2 minutos.

Añade ahora la calabaza en dados y prolonga la cocción hasta que se ablanden. Mientras, cuece los fideos en otro cazo siguiendo las instrucciones del fabricante. Escúrrelos bien.

Retira algunos de los dados de calabaza cocidos y aplástalos en un bol, junto al miso y el alga kombu en polvo. Vierte el puré sobre los fideos cocidos y remueve con cuidado, para untarlos.

Sirve los fideos en 2 boles y vierte por encima el resto de la calabaza cocida y el líquido. Remata con las rodajas de cebolleta y las semillas de sésamo. Esparce el *furikake* por encima.

Las rodajas de calabaza asada condimentadas con salsa de soja, pasta de miso blanco y azúcar moreno también son un acompañamiento delicioso para el ramen. Ásalas en el horno durante 20 minutos o hasta que los bordes se empiecen a quemar.

RAMEN DE MISO Y SETAS

2 raciones

Me de taberu Nihonjin, o «Comemos con los ojos», es un dicho popular en Japón. Este delicado bol tiene bellísimos pies, trompetas y sombreros de setas flotando en un caldo umami.

150 g (5 oz) de setas shiitake
150 g (5 oz) de setas shimeji
150 g (5 oz) de setas de ostra
2½ cucharadas de pasta de miso blanco
2 cucharadas de sake para cocinar
1½ cucharadas de azúcar
1½ cucharaditas de salsa de soja japonesa
1½ cucharadas de aceite de sésamo,
    y 2 cucharaditas adicionales para freír
240 g (8½ oz/2 ovillos) de fideos chinos
    frescos
1 litro (35 fl oz/4¼ tazas) de agua
4 cucharaditas de caldo de verduras
    en polvo
½ cucharadita de sal

CONDIMENTO
2 cebolletas, en rodajas

Corta los pies de las setas shiitake y shimeji y trocéalos groseramente. Trocea groseramente las setas de ostra. Deposita el miso, el sake, el azúcar, la salsa de soja y el aceite de sésamo en un bol y remueve bien.

Calienta 2 cucharaditas de aceite de sésamo en una sartén a fuego medio y añade todas las setas. Sofríe durante 4-5 minutos o hasta que se ablanden.

Añade la salsa de miso y sofríela junto a las setas a fuego medio 3 minutos más. Cuando el sofrito empiece a despedir aromas y a envolver a las setas, retira la sartén del fuego y reserva.

Cuece los fideos siguiendo las instrucciones del fabricante. Escúrrelos y sírvelos en 2 boles.

Llena otro cazo con el agua, calienta a fuego medio y añade el caldo de verduras en polvo y la sal. Remueve bien y lleva a ebullición.

Cuando hierva, retira el cazo del fuego y vierte el líquido sobre los fideos. Deposita un montoncito de setas en el centro de cada bol y esparce la cebolleta por encima.

RAMEN CON HUEVO FLOTANTE

2 raciones

El huevo añade una untuosidad deliciosa a este bol de ramen.
La soja, el alga en polvo y el ajo aportan un profundo sabor
umami para compensar la suavidad del huevo batido.

2 dientes de ajo
500 ml (18 fl oz/2 tazas) de agua
1 cucharada de mirin
2 cucharadas de salsa de soja japonesa
1 cucharadita de caldo de alga kombu
   en polvo
2 cucharaditas de harina de maíz
2 huevos medianos (grandes en EE. UU.)
300 g (10½ oz/2 ovillos) de fideos ramen
   frescos congelados

CONDIMENTO
1 cebolleta, picada

Ralla el ajo. Mezcla el agua, el mirin, la salsa de soja, el alga kombu en polvo y el ajo en una cazuela y lleva a ebullición.

Deposita la harina de maíz en una taza, añade un poco de agua y remueve hasta que se disuelva y obtengas una pasta. Viértela poco a poco en la cazuela.

Bate los huevos en un bol y viértelos despacio en la cazuela. Como la sopa estará muy caliente, cuajarán casi al instante.

Cuece los fideos siguiendo las instrucciones del fabricante. Escúrrelos y sírvelos en 2 boles. Vierte por encima la sopa con el huevo flotante y remata con la cebolleta picada.

Hacer flotar o verter huevo en la sopa es una de las maneras favoritas de añadir una textura sedosa y nutritiva a los caldos en Japón. El *kakitamajiru* (sopa de huevo japonesa) es un caldo dashi con esponjoso huevo batido.

Pp. siguientes: Ramen de miso y setas (*izq.*) y Ramen con huevo flotante (*dcha.*).

CARBONARA SIN CARNE

2 raciones

Esta receta de fusión marida los fideos de ramen con el
sabor de una carbonara italiana sin carne. Puedes usar
cualquier queso vegetariano duro que tengas en la nevera,
o incluso mozzarella, si es lo que tienes a mano.

240 g (8½ oz/2 ovillos) de fideos chinos
    frescos
600 ml (20 fl oz/2½ tazas) de agua
2 cucharaditas de caldo de verduras
    en polvo
2 cucharadas de sake para cocinar
4 cucharaditas de salsa de soja
½ cucharadita de aceite de sésamo
2 cucharadas de queso cheddar
    vegetariano rallado
2 yemas de huevo
2 cucharadas de mantequilla

CONDIMENTOS
Queso cheddar vegetariano rallado
    adicional
Pimienta negra recién molida

Cuece los fideos hasta que estén ligeramente al dente y escúrrelos en un colador.

En una cazuela, mezcla el agua, el caldo de verduras en polvo, el sake, la salsa de soja y el aceite de sésamo, remueve bien y lleva a ebullición. Ahora, sirve los fideos templados en 2 boles y vierte sobre ellos la base de caldo.

Añade 1 yema de huevo, 1 cucharada de mantequilla y 1 cucharada de queso rallado a cada bol y remueve bien. El queso se empezará a fundir. Remata con el queso rallado adicional y pimienta negra recién molida.

La mayoría del queso japonés se produce en Tokachi,
una región con un clima fresco semejante al de Europa.
Se hacen versiones parecidas al camembert, el cheddar
y el parmesano, además de variedades asiáticas, en las
que el queso se infusiona con dashi japonés.

SHIO RAMEN FRÍO

2 raciones

Si te gusta el refrescante sabor del gazpacho español o de la sopa de pepino polaca, esta receta es para ti. Es el bol perfecto para los días calurosos, porque se remata con hielo triturado que lo refresca a la perfección.

~~~~~~

600 ml (20 fl oz/2½ tazas) de agua

2 cucharaditas de caldo de verduras en polvo

2 cucharadas de sake para cocinar

4 cucharaditas de salsa de soja

½ cucharadita de aceite de sésamo

450 ml (15 fl oz/2 tazas) de agua fría

240 g (8½ oz/2 ovillos) de fideos coreanos somen finos

CONDIMENTOS

2 huevos medianos (grandes en EE. UU.), pasados por agua

2 cebolletas, en rodajas

1 cucharada de semillas de sésamo molidas

Aceite de sésamo

Hielo triturado

Mezcla en una cazuela el agua, el caldo de verduras en polvo, el sake, la salsa de soja y el aceite de sésamo. Remueve bien y lleva a ebullición. Hierve a fuego bajo durante unos 15 minutos, para que se reduzca (este caldo es algo más concentrados que otros). Reserva y deja que se enfríe.

En otra cazuela, cuece los fideos somen siguiendo las instrucciones del fabricante. Escúrrelos y enjuágalos bajo el grifo de agua fría 2 minutos. Vuélcalos en la base de sopa fría y remueve, para que queden bien impregnados de esta.

Sirve los fideos y la sopa en 2 boles y deposita medio huevo en el centro de cada uno. Esparce por encima la cebolleta y las semillas de sésamo. Riega con el aceite de sésamo para intensificar los aromas y remata con un poquito de hielo triturado.

~~~~~~

Moler las semillas de sésamo facilita que liberen los beneficiosos ácidos grasos omega-3, minerales y antioxidantes. También libera sus aceites naturales, lo que hace de ellas un espesante muy práctico cuando se añaden a caldos.

RAMEN DE SETAS EN TEMPURA

2 raciones

El sabor terroso y a frutos secos de las setas siempre es una apuesta segura,
pero en este bol es estratosférico. Los delicados ramilletes de esbeltas
variedades japonesas y chinas, como las setas enoki, logran un resultado
de extraordinaria belleza visual con el que impresionarás a tus invitados.

300 g (10½ oz) de setas enoki
100 g (3½ oz) de setas shiitake
100 g (3½ oz) de setas shimeji
300 ml (10½ fl oz/1¼ tazas) de aceite
  vegetal
150 g (5¼ oz/¾ de taza) de harina para
  tempura
1 cucharadita de ajo en polvo
200 ml (7 fl oz/1 taza escasa) de agua
  helada
1 diente de ajo
2 cucharadas de aceite de sésamo
1 pizca de sal marina
800 ml (28 fl oz/3½ tazas) de agua
3 cucharaditas de pasta de miso blanco
1 cucharada de bonito en polvo
1 cucharada de tahina
300 g (10½ oz/2 ovillos) de fideos ramen
  frescos congelados

CONDIMENTOS

2 puñados de hojas de cilantro frescas,
  picadas
Shichimi togarashi o furikake

Enjuaga las setas para limpiarlas y sécalas sobre papel de cocina
y a toquecitos. Separa las setas enoki en ramilletes pequeños.

En una sartén de lados altos, calienta el aceite a 170-180 °C
(340-356 °F). Mezcla la harina para tempura y el ajo en polvo en una
ensaladera y añade el agua helada. Bate la harina y el agua hasta que
obtengas una textura sedosa. Sumerge algunos ramilletes de setas
enoki en la masa de tempura. Sácalos de uno en uno y sacúdelos un
poco, para eliminar el exceso de masa, y pásalos al aceite caliente. Fríe
cada tanda hasta que las setas se doren, sácalas del aceite y deposítalas
sobre papel de cocina, para que se escurran.

Pica el ajo y lamina las setas shiitake muy finamente y separa las
setas shimeji. Calienta una sartén grande a fuego bajo-medio. Añade
el aceite de sésamo y el ajo y sofríe 1 minuto antes de añadir las setas
shiitake y shimeji y una pizca de sal. Remueve 3-4 minutos y reserva.

Mezcla el agua, el miso, el bonito en polvo y la tahina en una cazuela
grande a fuego medio-alto y hierve a fuego bajo durante 3 minutos
(no dejes que hierva del todo).

Cuece los fideos siguiendo las instrucciones del fabricante. Escúrrelos
y sírvelos en 2 boles. Vierte por encima la sopa, añade las setas sofritas
y en tempura y esparce por encima el cilantro y el *shichimi*.

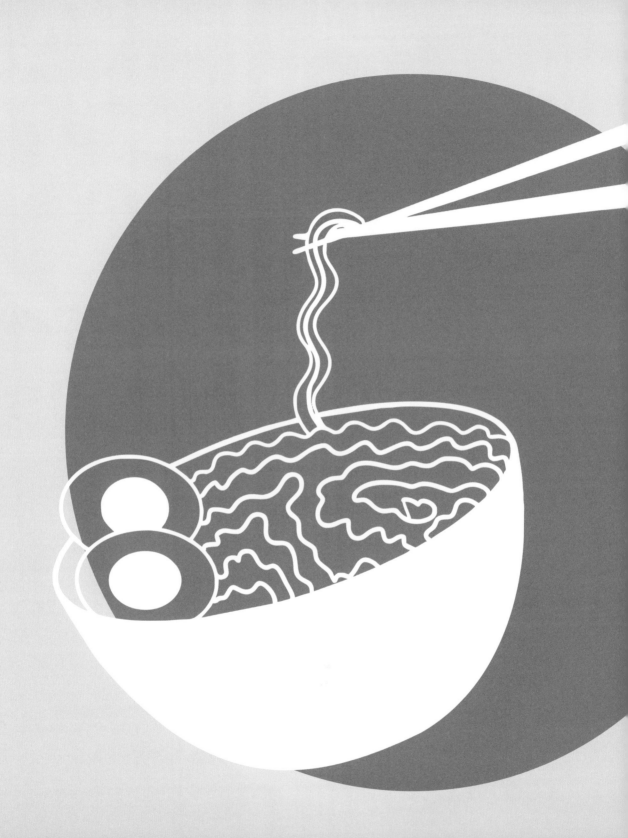

6
RAMEN INSTANTÁNEO CON UN PLUS

¿Quién no querría disfrutar al instante de los intensos sabores y de la gran satisfacción que ofrece un magnífico ramen? A continuación, encontrarás recetas de ramen inspiradas en las redes sociales y en la cultura popular con ideas fáciles para mejorar los paquetes de ramen instantáneo que compres en el súper. Ten siempre a mano una selección de condimentos e ingredientes y, así, podrás asaltar la despensa o el congelador a cualquier hora del día o de la noche y crear boles de ramen rápidos, sabrosos e inspirados.

RAMEN CON TOMATE Y MOZZARELLA

2 raciones

La suavidad de la capa de mozzarella fundida sobre los fideos
salados contrasta con los aromas umami del miso. Es un plato
muy fácil de preparar y se gratina al horno.

2 tomates
100 g (3½ oz) de mozzarella firme
600 ml (20 fl oz/2½ tazas) de agua
2 paquetes de 140 g (5 oz) de fideos para
   ramen instantáneo (sabor a miso)
2 sobres de sopa para ramen instantáneo
   (sabor a miso)
2 bolsitas de aceite condimentado para
   ramen instantáneo (si están incluidas)
Aceite de oliva virgen extra, para aliñar

CONDIMENTOS

Aceite picante o aromatizado (*p. 30*)
Perejil, picado fino
Shichimi togarashi

Precalienta el grill del horno a temperatura alta. Trocea los tomates y
corta la mozzarella en rodajas.

Hierve el agua en una cazuela, añade los fideos instantáneos y los sobres
de sopa. Transfiere el ramen cocido a una fuente honda apta para horno.
Coloca el tomate y el queso encima y riega con aceite de oliva. Gratina la
fuente hasta que la mozzarella se funda.

Riega los boles con las bolsitas de aceite condimentado. Si tu ramen
instantáneo no tiene, sustitúyelas por un chorrito de aceite picante
o de aceite aromatizado.

Remata con el perejil y el *shichimi*.

El *shichimi* es una combinación japonesa de especias que se remonta al siglo XVII y que,
al principio, se personalizaba para cada cliente, que lo usaba en sopas, platos y arroces.
Es picante y sabroso y se suele preparar con siete especias. La guindilla roja es la dominante,
y el resto pueden ser ralladura de naranja o de yuzu, semillas se sésamo, jengibre molido,
algas o semillas de amapola. Lo encontrarás en la mayoría de los supermercados asiáticos.

RAMEN DE CERDO CHAR SIU

2 raciones

Esta receta rápida con panceta de cerdo es una manera de disfrutar del sabor del *char siu* sin tener que esperar. La panceta se corta en lonchas finas, para que se tueste y se dore en pocos minutos. Tradicionalmente, el adobo *char siu* se usa con carne de cerdo, pero lo puedes usar con cualquier tipo de carne.

~~~~~~

80-100 g (3-3 ½ oz) de panceta de cerdo en lonchas finas
1-2 cucharaditas de aceite vegetal
2 cucharaditas de ajo rallado o de puré de ajo
1 cucharadita de sake o de vino blanco para cocinar
2 cucharaditas de azúcar granulado
1 cucharadita de salsa de soja japonesa
1 pizca de caldo de pollo en polvo
1 cucharadita de polvo de cinco especias
2 paquetes de 140 g (5 oz) de fideos para ramen instantáneo (sabor a salsa de soja)
2 sobres de sopa para ramen instantáneo (sabor a salsa de soja)

CONDIMENTOS

2 cucharadas de alga wakame, rehidratada 5 minutos en agua fría

Corta las lonchas de panceta en tiras del tamaño de un bocado. Calienta el aceite vegetal en una sartén, añade el ajo y sofríelo por las dos caras 5 minutos para que ambas se doren y los bordes se tuesten. Añade el sake, el azúcar, la salsa de soja, el caldo de pollo en polvo y el polvo de cinco especias. Cuece durante varios minutos más y reserva.

Hierve el ramen siguiendo las instrucciones del fabricante y escúrrelo. En otro bol, preparara los sobres de sopa incluidos en el paquete de ramen instantáneo siguiendo las instrucciones del fabricante.

Vierte la sopa en boles, añade los fideos y remata con el cerdo *char siu* y el alga wakame.

~~~~~~

El polvo de cinco especias chino apunta a las cinco zonas gustativas: dulce, amargo, ácido, salado y umami. Se suele elaborar con anís estrellado, clavo, canela china, pimienta de Sichuan y semillas de hinojo, pero hay múltiples variaciones de la combinación básica.

RAMEN AL CURRI CON MISO Y LECHE

2 raciones

El miso y las algas son la base de muchos platos japoneses y transportan los sentidos en un instante. El alga wakame de este plato crece en las aguas más frías del noroeste del océano Pacífico. Disfrútala aquí esparcida sobre este sabroso plato de fideos.

1 cucharada de curri japonés en polvo

2 sobres de sopa para ramen instantáneo (sabor a miso)

250 ml (9 fl oz/1 taza generosa) de agua

500 ml (18 fl oz/2 tazas) de leche entera o de bebida de soja

2 paquetes de 140 g (5 oz) de fideos para ramen instantáneo (sabor a miso)

CONDIMENTOS

300 g (10½ oz/3 tazas) de brotes de soja

6 lonchas de pollo asado (comprado)

2 cucharadas de alga wakame, rehidratada 5 minutos en agua fría

1 cucharada de mantequilla

Mezcla en una cazuela con el agua el curri en polvo y los sobres de sopa de miso de los paquetes de ramen instantáneo y calienta a fuego medio.

Remueve con suavidad hasta que todo se haya disuelto. Añade la leche, removiendo de vez en cuando. En cuanto el agua y la leche rompan a hervir, baja a fuego bajo y prolonga la cocción durante 30 segundos. Prepara los fideos siguiendo las instrucciones del fabricante y escúrrelos.

Sirve los fideos en 2 boles y vierte la sopa de curri por encima. Remueve con suavidad. Remata con los brotes de soja, el alga wakame, el cerdo asado y la mantequilla.

La mantequilla suaviza los sabores demasiado intensos del ramen y, como el queso, enriquece el plato para esas ocasiones en que necesites algo muy reconfortante para darte un capricho.

RAMEN CON MAÍZ, BRÓCOLI Y BEICON

2 raciones

El maíz (*tomorokoshi*) llegó a Japón en 1579, de la mano de los portugueses. Cultivado sobre todo en Hokkaido, en la década de 1960 ya se había convertido en un ingrediente muy popular que compensaba con sus notas dulces y jugosas la sal de la soja y el miso.

---

1 cabeza de brócoli pequeña

4 lonchas de beicon

1 cucharada de mantequilla

4 cucharadas de maíz en conserva

1 pizca de sal marina

75 ml (2½ fl oz/6 cucharadas) de agua caliente

2 paquetes de 140 g (5 oz) de fideos para ramen instantáneo (sabor a miso)

2 sobres de sopa para ramen instantáneo (sabor a miso)

Corta el brócoli en floretes pequeños y el beicon, en tiras de unos 5 mm (¼ in) de ancho.

Calienta la mantequilla en una sartén a fuego bajo. Cuando se haya fundido, añade el beicon y los floretes de brócoli. Sube a fuego medio y sofríe hasta que el beicon se empiece a volver crujiente y el brócoli esté tierno. Añade el maíz y la pizca de sal. Remueve todo bien y riega con el agua caliente y el contenido de los sobres de sopa para ramen instantáneo. Sofríe durante unos 30 segundos y retira del fuego.

Prepara los fideos siguiendo las instrucciones del fabricante. Escúrrelos y sírvelos en 2 boles. Deposita un montoncito de los ingredientes sofritos en el centro de cada bol.

RAMEN RÁPIDO DE DESAYUNO

2 raciones

El desayuno tradicional japonés puede constar de hasta ocho platos
distintos con arroz, miso, verduras, huevos, pescado o encurtidos,
pero esta receta te ofrece una alternativa rápida y deliciosa.

1 cucharadita de aceite vegetal
4 lonchas de beicon ahumado
2 huevos medianos (grandes en EE. UU.)
100 g (3½ oz/1 taza) de col china en
  juliana
45 g (1½ oz/¼ de taza) de maíz en
  conserva
Sal marina y pimienta negra molida
1 litro (35 fl oz/4¼ tazas) de agua
2 paquetes de 140 g (5 oz) de fideos para
  ramen instantáneo (sabor salado/shio)
2 sobres de sopa para ramen instantáneo
  (sabor salado/shio)

Calienta el aceite vegetal en una sartén. Añade el beicon. Cuando se
haya tostado por un lado, dale la vuelta y casca un huevo sobre un
par de las lonchas tostadas. Mantén a fuego medio-bajo hasta que la
clara del huevo sobre el beicon se vuelva opaca. Traslada el beicon y el
huevo a un plato caliente.

Retira parte de la grasa del beicon pasando un papel de cocina por la
sartén (quedarán residuos de aceite). Calienta la sartén a fuego medio.
Una vez se haya calentado, añade la col en juliana y el maíz y sofríelos
durante 3-4 minutos o hasta que se pochen. Salpimienta.

Cuece los fideos instantáneos, incluyendo el contenido del sobre de
sopa, siguiendo las instrucciones del fabricante. Sirve los fideos y su
caldo en 2 boles. Con una cuchara, deposita encima la col y el maíz
sofritos y remata el bol con el beicon, los huevos y un poco más de
pimienta negra, si te apetece.

Aunque el ramen no es un desayuno típico en Japón,
la ciudad de Kitakata, en la prefectura de Fukushima,
es célebre por su ramen y sus habitantes lo consumen
a cualquier hora del día.

RAMEN DE MISO Y NATA LÍQUIDA

2 raciones

Si te apetece algo rápido y suave, este bol de fideos nutritivo y cremoso es lo que necesitas. Es sencillo, sabroso y satisfactorio, para esos momentos en los que necesitas el abrazo de la comida reconfortante. Los productos lácteos son relativamente nuevos en la gastronomía japonesa, pero, a partir de la década de 1960, cada vez es más habitual encontrar queso, yogur, leche y nata tanto en los supermercados como en las recetas.

400 ml (14 fl oz/1⅔ tazas) de agua

2 paquetes de 140 g (5 oz) de fideos para ramen instantáneo (sabor a miso)

100 ml (3½ fl oz/½ taza escasa) de nata líquida

1 lata de 150 g (5¼ oz) de maíz en conserva

2 sobres de sopa para ramen instantáneo (sabor a miso)

2 bolsitas de aceite condimentado para ramen instantáneo (si están)

CONDIMENTOS

Aceite aromático (*p. 30*)

1-2 cebolletas, en rodajas

Shichimi togarashi

Calienta el agua en una cazuela, lleva a ebullición y añade los fideos. Añade la nata líquida cuando se hayan aflojado. Si prefieres una consistencia más cremosa, pon más cantidad y, si prefieres un caldo más ligero, pon menos.

Devuelve a ebullición y añade el maíz escurrido. Retira del fuego y añade los sobres de sopa para ramen instantáneo, sin dejar de remover.

Sirve los fideos y la sopa en 2 boles y, si lo hay, riégalos con el aceite aromático de los fideos. Si no, usa aceite picante o aromático. Esparce por encima la cebolleta y el *shichimi*.

La mantequilla no se popularizó en Japón hasta la década de 1960, impulsada por las influencias occidentales. Más recientemente, el auge de la «cocina al microondas con mantequilla» ha visto el aumento de la mantequilla fundida añadida a platos cotidianos.

SHIN RAMEN FÁCIL

2 raciones

El *shin ramen*, o *shin ramuyen*, es la versión coreana de los fideos picantes instantáneos. Son paquetes y sobres muy prácticos que se pueden mejorar con unos pocos ingredientes adicionales. Si tienes prisa y necesitas ahorrarte el estrés de preparar la comida, este plato es ideal. Sabroso y equilibrado, puedes tenerlo en la mesa en menos de 10 minutos.

200 g (7 oz/3 tazas, preparadas) de col china
2-3 cebolletas
60 g (2 oz) de gambas peladas
2 paquetes de 140 g (5 oz) de fideos para ramen instantáneo (sabor picante)
2 sobres de sopa para ramen instantáneo (sabor picante)

CONDIMENTOS
2 yemas de huevo crudas
Alga nori troceada

Corta la col china y las cebolletas en trozos del tamaño de un bocado. Deposita la col y las gambas peladas en un recipiente resistente al calor y caliéntalo en el microondas durante 2-3 minutos.

Mientras, prepara los fideos instantáneos en agua hirviendo siguiendo las instrucciones del fabricante y añade el contenido de los sobres de sopa para ramen instantáneo que los acompañan.

Deposita la col china y las gambas en una sartén y añade la cebolleta. Remueve y saltea a fuego alto, para que se evaporen los jugos.

Reparte la sopa con los fideos en 2 boles y añade la col, las gambas y la cebolleta. Remata con una yema de huevo cruda y el alga nori troceada.

RAMEN DE TOFU, KIMCHI Y QUESO

2 raciones

Si te gusta el ácido y astringente sabor del kimchi, esta
receta supersencilla te encantará. El queso añade un toque
salado y, aunque no es un ingrediente tradicional japonés,
el auge de la pizza ha facilitado que se use cada vez
más en diversos platos.

2 huevos medianos (grandes en EE. UU.)
300 g (10½ oz) de tofu firme
160 g (6 oz/¾ de taza) de kimchi
60 g (2 oz/½ taza) de queso cheddar
   rallado
2 paquetes de 140 g (5 oz) de fideos para
   ramen instantáneo (sabor salado/shio)
2 sobres de sopa para ramen instantáneo
   (sabor salado/shio)

Bate los huevos en un bol pequeño. Corta el tofu en dados y deposítalos
en un bol apto para microondas, junto al kimchi y el huevo batido.
Esparce el queso por encima y tápalo con papel film. Cuece al
microondas durante 2 minutos y 30 segundos a 800W.

Prepara los fideos y el contenido de los sobres de sopa siguiendo
las instrucciones del fabricante y sirve en 2 boles. Deposita encima
cucharadas de la burbujeante mezcla de queso, huevo y tofu.

Las notas saladas y la untuosidad hacen del queso un
ingrediente fantástico con que realzar boles de ramen
básicos. Fúndelo sobre los fideos o mézclalo entre los
fideos y el caldo para intensificar el sabor y preparar un
plato saciante en un momento.

RAMEN DE ATÚN PICANTE

2 raciones

Preparado con ingredientes cotidianos, este rápido bol es ideal
cuando buscas el máximo sabor con el mínimo esfuerzo. El atún
añade una proteína muy útil e importantes aceites de pescado. Es
un plato sabroso y nutritivo, sin adornos ni fanfarria.

1 lata de atún en aceite de 70 g (2½ oz)
250 ml (8½ oz/1 taza) de agua
2 paquetes de 140 g (5 oz) de fideos para
   ramen instantáneo (sabor a soja)
2 sobres de sopa para ramen instantáneo
   (sabor a soja)

CONDIMENTOS
1 huevo mediano (grande en EE. UU.),
   pasado por agua
½ pepino, en rodajas finas
6 tomates cherry, cortados
   longitudinalmente por la mitad

Escurre el atún y desmenúzalo con un tenedor. Vierte el contenido de
los sobres de sopa para ramen instantáneo y mézclalo con el agua, hasta
que obtengas una pasta espesa de la consistencia de una salsa. Viértela
sobre el atún desmenuzado.

Cuece los fideos instantáneos en agua hirviendo siguiendo las
instrucciones del fabricante. Escúrrelos y sumérgelos rápidamente
en agua fría.

Sirve los fideos en 2 boles. Dispón un montoncito de la salsa de atún
encima. Remata los boles con medio huevo pasado por agua, el pepino
y los tomates cherry.

En Japón, el atún fresco es muy apreciado y muy caro,
por lo que el atún en conserva es una alternativa
asequible. Es básico en el sushi y, en sus versiones
picantes, también adorna platos de arroz y boles de
ramen rápidos y sencillos, como este.

RAMEN DE POLLO CREMOSO

2 raciones

Es un plato único maravilloso cuando te apetece algo sabroso
e interesante, pero dispones de poco tiempo. El huevo batido
enriquece y suma cremosidad a los fideos con sabor a pollo. Eso sí,
acuérdate de batirlo antes de añadirlo al caldo hirviendo.

1 litro (35 fl oz/4¼ tazas) de leche entera

4 hojas de col china o de primavera, en juliana

2 paquetes de 140 g (5 oz) de fideos para ramen instantáneo (sabor a pollo)

2 sobres de sopa para ramen instantáneo (sabor a pollo)

2 huevos medianos (grandes en EE. UU.)

Pimienta negra recién molida

Vierte la leche en una cazuela y añade la col en juliana. Lleva a ebullición suave y cuece 1 minuto, de modo que la col no quede demasiado blanda.

Mantén la leche y la col a fuego bajo y añade los fideos y el contenido de los sobres de sopa. Remueve bien.

En un bol, bate los huevos y viértelos poco a poco en el caldo de leche. Remueve con suavidad y mantén a fuego bajo durante otros 2 minutos o hasta que el huevo justo haya cuajado.

Sirve la sopa de col, huevo y fideos en 2 boles y condimenta con pimienta negra recién molida.

La col en juliana es muy habitual en los platos japoneses, porque aligera los platos a base de cerdo. Aquí se ha usado *napa*, o col china, pero la puedes sustituir por cualquier otra col de hoja verde.

RAMEN COREANO ROSADO

2 raciones

Este bol de sabores intensos se convirtió en un éxito viral en el
Twitter coreano. Las salchichas asiáticas son muy parecidas
a las de cerdo occidentales, pero, en este plato, se suelen usar
las salchichas de Frankfurt.

1 cebolla blanca
6 salchichas de Frankfurt
1 cucharada de aceite de oliva
1 litro (35 fl oz/4¼ tazas) de leche entera
1 cucharadita de *gochujang* (pasta de
    guindilla roja coreana)
2 paquetes de 140 g (5 oz) de fideos para
    ramen instantáneo (sabor picante)
2 sobres de sopa para ramen instantáneo
    (sabor picante)
2 lonchas de queso cheddar para fundir

Corta la cebolla en rodajas finas y las salchichas de Frankfurt en
diagonal, en trozos del tamaño de un bocado. Calienta el aceite de oliva
en una sartén y sofríe la cebolla y la salchicha durante 4-5 minutos, o
hasta que la cebolla se haya pochado.

Añade la leche y el *gochujang* y lleva a ebullición, asegurándote de que
el *gochujang* se haya disuelto bien. Cuando la leche hierva, baja el fuego
para mantener un hervor ligero y añade los fideos para ramen picante
directamente a la sartén junto al contenido de los sobres de sopa. Hierve
durante 4-5 minutos o durante el tiempo que indique el fabricante.

Una vez listos, sirve los fideos en un bol y deposita las lonchas de queso
encima, para que se fundan.

Las salchichas asiáticas son de cerdo o, con menos
frecuencia, de pollo e incluyen el hígado. Se pueden
comprar frescas o ahumadas y las cantonesas tienden
a ser más dulces, mientras que las de Sichuan son más
especiadas y llevan guindilla.

EL RAMEN DE PONYO

2 raciones

Si eres fan de Studio Ghibli, quizás te apetezca probar el sencillo y fantástico plato que tanto gusta a Ponyo y a su amigo Sosuke. Es una versión japonesa de los huevos fritos con jamón, que descansan sobre un sabroso caldo de pollo y están aliñados con aceite de sésamo, que añade sutiles notas a frutos secos.

~~~~~~

2 paquetes de 140 g (5 oz) de fideos para ramen instantáneo (sabor a pollo)
2 sobres de sopa para ramen instantáneo (sabor a pollo)
1 litro (35 fl oz/4¼ tazas) de agua

CONDIMENTOS
4 lonchas gruesas de jamón cocido
2 huevos duros, cortados por la mitad
4 cebolletas, en rodajas
1 cucharadita de aceite de sésamo (opcional)

Deposita los fideos del ramen de pollo y el contenido de los sobres para la sopa en 2 boles y vierte el agua caliente encima.

Tapa los fideos con un plato o con una tapa y déjalos reposar durante 3 minutos. A continuación, remueve con suavidad. Deposita en cada bol 2 lonchas de jamón y medio huevo duro.

Esparce la cebolleta por encima y riega con aceite de sésamo.

~~~~~~

El ramen de Ponyo es un bol sencillo y reconfortante que te devolverá a tu infancia. Este es el más solicitado de todos los platos de fideos que aparecen en las películas de Studio Ghibli y una receta ideal para los recién llegados a la preparación de ramen, ya que todos los ingredientes son conocidos y fáciles de usar.

INGREDIENTES

A continuación, encontrarás los ingredientes clave que te ayudarán a preparar tus boles de ramen. Ten en cuenta que es posible que los productos de los mercados asiáticos no siempre estén etiquetados en castellano o lleven un nombre distinto, en función de su lugar de procedencia.

Copos de bonito Véase *Katsuobushi*.

Daikon Es el nombre con el que se conoce a los rábanos en Japón y también se lo conoce por su nombre chino, *mooli*. Este rábano asiático es grande, blanco y más suave y dulce y menos picante que las variedades occidentales más pequeñas.

Doenjang Pasta de soja picante coreana que se elabora con habas de soja fermentadas y salmuera. Se suele sofreír, para facilitar que libere el sabor en toda su intensidad.

Fideos de cristal chinos También conocidos como fideos de celofán, se hacen con judías mungo y, cuando se cuecen, se vuelven translúcidos.

Furikake Combinación de alga nori seca, semillas de sésamo tostadas, azúcar y sal. Es un condimento habitual en platos de arroz y de fideos.

Guindillas Compra guindillas rojas asiáticas, enteras o en copos, y úsalas en aliños, aceites y platos acabados.

Gochugaru Guindilla en polvo coreana, con notas ahumadas, afrutadas y ligeramente dulces, pero muy picante.

Gochujang Pasta fermentada de guindilla roja coreana, picante pero dulce. Deposita una pizca en el fondo del bol o disuélvela en el caldo para añadir notas picantes.

Kaiware Estos germinados de rábano daikon se usan en ensaladas asiáticas y en sushi, pero los puedes sustituir por berros, germinados de mostaza o microverdes.

Kamaboko Se elabora con pescado blanco triturado y moldeado en forma de rollito o pastelito y se puede cortar en lonchas para rematar boles de ramen. Tiene un borde rosa muy característico. La versión conocida como *narutomaki* contiene una espiral rosa.

Karashi takana La mostaza china encurtida añade textura y un sabor ligeramente amargo y especiado.

Katsuobushi Bonito fermentado y seco presentado en forma de copos o polvo. Tiene un sabor umami muy característico.

Kimchi Col fermentada picante de origen coreano, que combina sabores ácidos y amargos. Tradicionalmente, es un acompañamiento, pero es muy popular como condimento en el ramen.

Kombu Tipo de alga disponible en tiras grandes que se usa con frecuencia en caldos y sopas, a los que añade notas saladas y a mar.

Mayu Aceite de ajo negro y de sabor intenso y dulce, que añade complejidad al ramen.

Menma Brotes de bambú fermentados y previamente secados al sol. Se vende en tarros o envasado al vacío.

Mentsuyu Caldo chino líquido concentrado y de sabor muy intenso. Se elabora con copos de bonito,

alga kombu y salsa de soja y se usa de un modo muy similar a las pastillas de caldo concentrado.

Mirin Vino de arroz dulce que se usa como condimento, para glasear y para equilibrar sabores salados.

Miso Pasta espesa de habas de soja fermentadas. Añade un profundo sabor umami a las salsa y se mezcla con caldos dashi en la elaboración de sopas y ramen. Está disponible en pasta y en polvo.

Nam pla Salsa de pescado tailandesa elaborada con pescado salado y fermentado.

Nori Hojas de alga seca que se pueden cortar en cuadrados que se depositan sobre el ramen. Se vende en paquetes, cortada en juliana.

Ramen Los fideos chukamen, o ramen, se venden en variedades largas, onduladas y planas. En las recetas de este libro se han usado paquetes individuales de fideos instantáneos de 140 g (5 oz); si los usas de otro peso, adapta el resto de la receta en consecuencia, o divide los fideos en raciones de 140 g.

Sake Usa sake para cocinar, con un contenido inferior en alcohol y más concentrado que la bebida alcohólica. También es mucho más barato.

Sésamo El aceite se usa para cocinar y aromatizar la comida mientras que las semillas se pueden usar molidas, para espesar las sopas, o enteras (y tostadas), para condimentar.

Setas Las setas secas, como las shiitake y las orejas de Judas (*kikurage*) aportan textura y sabores deliciosos al ramen. Para rehidratarlas, cúbrelas con agua y déjalas en remojo durante un mínimo de 20 minutos. Cuando se hayan ablandado, estrújalas para eliminar el máximo de agua que puedas y córtales los pies.

Shichimi togarashi Combinación de especias tradicional japonesa que se esparce sobre la comida. Suele contar con siete especias, con la guindilla roja como la dominante.

Shiso También conocido como *oba* o albahaca japonesa, en Japón es habitual en platos de pescado crudo. Tiene un sabor elegante y único, similar al del anís.

Soba Fino fideo popular en Japón. Se elabora con trigo sarraceno (alforfón) y tiene un color más «rústico» que el de otros fideos. Funcionan tanto en sopas calientes como fríos y remojados en salsa.

Somen Fideos ultrafinos elaborados con harina de trigo y aceite vegetal.

Tobanjan Pasta al estilo de Sichuan elaborada con habas y una combinación especial de guindillas. Se puede usar como salsa para untar o para añadir un toque picante a caldos o carne y verdura salteada.

Tobiko Esta llamativa hueva de pez es habitual en el sushi y tiene un sabor salado y ahumado.

Udon Fideos de harina de trigo y mucho más gruesos que otros fideos para ramen.

Umeboshi Ume encurtida. Es muy ácida y salada, pero marida a la perfección con la carne de cerdo.

Wakame Tiras de alga más finas que se usan en las sopas y otros platos de miso, a los que añade notas saladas, umami y a mar.

Yuzu Cítrico amarillo muy popular como acidulante en Japón. Se usan tanto la piel como los jugos y es más aromático que la lima o el limón.

Yuzu kosho Pasta fermentada de especias elaborada con guindillas saladas y piel de yuzu. Se usa para añadir acidez a caldos ligeros, como condimento en el ramen o disuelto en el caldo.

LECTURAS RECOMENDADAS

Escritos con pasión por divulgadores expertos, explicados paso a paso y acompañados de fotografías e ilustraciones cuidadas, los títulos de **Cinco Tintas** proporcionan al lector infinidad de ideas, herramientas y proyectos que lo guían en el difícil arte del buen vivir. Echa un vistazo a la siguiente lista de títulos de nuestro catálogo para ampliar tus conocimientos culinarios y tu disfrute en la cocina:

BOWLS & BROTHS. CALDOS Y SOPAS ASIÁTICOS
Pippa Middlehurst, 2022
Desde ramen hasta boles de arroz, pasando por multitud de especialidades de diversos países de Asia y el sudeste asiático, y con capítulos dedicados a dumplings, noodles, hot pot, arroz e incluso postres.

COCINA CASERA CHINA
Suzie Lee, 2023
Colección de 70 recetas representativas de la gastronomía de Hong Kong, tanto clásicas como modernas, que podrás preparar fácilmente en casa.

COCINA CASERA JAPONESA
Maori Murota, 2023
Viaja al corazón de la cocina casera japonesa actual: Maori Murota te presenta sus recetas preferidas y cien por cien caseras: sushi y ramen, pero también miso, natto y curris

japoneses, espaguetis con berenjena, pimiento y salsa de miso, donburi, boniato al horno, ensalada de soba, pollo asado con hierba limón, onigiris, Frankfurt casero, bizcocho de nueces al vapor...

DUMPLINGS Y NOODLES
Pippa Middlehurst, 2021
Bao, gyoza, biang biang, jiaozi, won ton, ramen... más de 70 recetas para los amantes de la gastronomía japonesa, china, taiwanesa, coreana, tailandesa, vietnamita y malasia.

RAMEN. 40 RECETAS MODERNAS Y TRADICIONALES DE LA CLÁSICA SOPA DE FIDEOS JAPONESA
Nell Benton, 2016
Una visión completa de la popular sopa de fideos japonesa. Este libro te mostrará todo lo que necesitas saber para convertirte en un experto del ramen: desde su origen en la gastronomía japonesa hasta la manera de colocar los ingredientes para obtener el cuenco perfecto.

TOKIO STORIES. RECETAS DE LA CAPITAL JAPONESA
Tim Anderson, 2019
Viaje culinario por la bulliciosa ciudad nipona que va desde los tesoros ocultos en las máquinas expendedoras hasta el delicioso pollo frito con queso, los auténticos gyoza y ramen, el reconfortante curri casero, onigiri, udon y demás productos de colmado. Más de 80 recetas, acompañadas de datos históricos, chocantes fotografías y vivaces anécdotas.

ÍNDICE

ACERCA DE LA AUTORA

Me convertí en chef porque disfruto cocinando, comiendo y observando a personas que se reúnen y ríen en torno a la comida. Creo que la comida reúne a la gente, lo que a su vez promueve la felicidad.

En la actualidad, muchas personas no cocinan porque tienen agendas muy apretadas. Sin embargo, cocinar es muy terapéutico y creativo y no tiene por qué exigir mucho tiempo.

Espero que este libro ayude a más personas a disfrutar preparando la comida, además de consumiéndola.

¡A por el delantal!

MAKIKO SANO

Makiko Sano es una cocinera, escritora y maestra cuya especialidad es la creación de platos japoneses tan deliciosos como saludables. También es chef personal y organizadora de eventos, así que sabe cómo conseguir que tu fiesta sea muy especial. Sus libros de cocina están repletos de recetas fáciles de seguir y te ayudarán a crear platos maravillosos para tus familiares y amigos.

En Londres, dirige Suzu House, que ofrece una experiencia gastronómica íntima combinada con platos japoneses tradicionales y preparados con habilidad, además de clases de cocina que te enseñarán a preparar en casa sushi, ramen y mucho más para chuparte los dedos.

Fuente de inspiración culinaria perfecta para todo el que quiera saber más acerca de la comida japonesa, gracias a ella, ahora puedes disfrutar de lo mejor de Japón en tu propia casa.

Descubre más en www.makikosano.co.uk y en https://thesuzuhouse.com

CRÉDITOS

AGRADECIMIENTOS

El editor quiere trasladar su agradecimiento a las siguientes personas: Emma Bannister, por su capacidad para la edición concisa, la resolución de problemas y la comprobación de datos.

A Simon Smith Photography (simonsmithphotograhpy.co.uk), por los decorados, los escenarios y las fotografías de los platos.

A Pippa Leon, por la economía doméstica y el estilismo de los platos; Morag Farquhar, por el estilismo del decorado; y James Pople, por su inspirado diseño para las cubiertas y el interior.

CRÉDITOS DE LAS IMÁGENES

Todas las fotografías son de Simon Smith © Welbeck Non-Fiction Publishing, excepto las imágenes de stock que recogemos más abajo.

El editor quiere agradecer a las fuentes siguientes su amable autorización para la reproducción de las imágenes en el libro:

Getty Images: Beo88 20; Christoffer Persson/EyeEm 10; mar1koff 6b. Shutterstock: 809xia12; Anna_Pustynnikova 15l; Calin Stan 6t; Elena Eryomenko 19; gowithstock 7b; Hihitetlin 17t; Konstantin Kopachinsky 18; Kravtzov 34; Peranova: 24-25, 40-41, 64-65, 104-105, 126-127, 146-147; Sean K 8-9; Timolina 35. Unsplash: Markus Winkler 15r; Michele Blackwell 22; Montatip Lilitsanong 14; Simon Hua 7; Stefan Lehner 176.